大家小书

语文修养

刘叶秋 著

北京出版集团公司
北京出版社

图书在版编目（CIP）数据

语文修养 / 刘叶秋著 . — 北京 ：北京出版社，2017. 5
（大家小书）
ISBN 978-7-200-12578-8

Ⅰ. ①语… Ⅱ. ①刘… Ⅲ. ①编辑工作—语言学—修养 Ⅳ. ①G232. 2

中国版本图书馆CIP数据核字（2016）第255467号

总策划：安　东　高立志　　责任编辑：陶宇辰

· 大家小书 ·

语文修养

YUWEN XIUYANG

刘叶秋　著

*

北京出版集团公司
北京出版社　出版

（北京北三环中路6号　邮政编码：100120）

网　址：www.bph.com.cn

北京出版集团公司总发行

新华书店经销

北京华联印刷有限公司印刷

*

880毫米×1230毫米　32开本　8.125印张　130千字

2017年5月第1版　2018年5月第2次印刷

ISBN 978-7-200-12578-8

定价：35.00元

序　言

袁行霈

“大家小书”，是一个很俏皮的名称。此所谓“大家”，包括两方面的含义：一、书的作者是大家；二、书是写给大家看的，是大家的读物。所谓“小书”者，只是就其篇幅而言，篇幅显得小一些罢了。若论学术性则不但不轻，有些倒是相当重。其实，篇幅大小也是相对的，一部书十万字，在今天的印刷条件下，似乎算小书，若在老子、孔子的时代，又何尝就小呢?

编辑这套丛书，有一个用意就是节省读者的时间，让读者在较短的时间内获得较多的知识。在信息爆炸的时代，人们要学的东西太多了。补习，遂成为经常的需要。如果不善于补习，东抓一把，西抓一把，今天补这，明天补那，效果未必很好。如果把读书当成吃补药，还会失去读书时应有的那份从容和快乐。这套丛书每本的篇幅都小，读者即使细细地阅读慢慢地体味，也花不了多少时间，可以充分享受读书的乐趣。如果把它们当成补药来吃也行，剂量小，吃起来方便，消化起来也容易。

我们还有一个用意，就是想做一点文化积累的工作。把那些经过时间考验的、读者认同的著作，搜集到一起印刷出版，使之不至于泯没。有些书曾经畅销一时，但现在已经不容易得到；有些书当时或许没有引起很多人注意，但时间证明它们价值不菲。这两类书都需要挖掘出来，让它们重现光芒。科技类的图书偏重实用，一过时就不会有太多读者了，除了研究科技史的人还要用到之外。人文科学则不然，有许多书是常读常新的。然而，这套丛书也不都是旧书的重版，我们也想请一些著名的学者新写一些学术性和普及性兼备的小书，以满足读者日益增长的需求。

“大家小书”的开本不大，读者可以揣进衣兜里，随时随地掏出来读上几页。在路边等人的时候，在排队买戏票的时候，在车上、在公园里，都可以读。这样的读者多了，会为社会增添一些文化的色彩和学习的气氛，岂不是一件好事吗？

“大家小书”出版在即，出版社同志命我撰序说明原委。既然这套丛书标示书之小，序言当然也应以短小为宜。该说的都说了，就此搁笔吧。

冰雪中盛开的红梅

刘　闻

家父刘叶秋先生多年来一直和丰子恺先生交谊深厚，彼此书信往来颇多，按子恺先生的话说是“系翰墨因缘尔”。家父那时忙于编纂《辞源》，业余时间又兼“笔耕不辍”，逢休息日，经常还要应约赴天津南开大学等处讲学，以至于他和子恺先生的数次相约，或赴江南携手泛舟于西湖，或来北京“觅素食处对酌共话平生”，皆成泡影。子恺先生为此专门作画一幅相送：画中室内书桌上堆满书籍和笔墨纸砚，一人正在埋头伏案疾书，而窗外柳绿花红，春燕飞舞，景色迷人，画名题曰“好花时节不闲身”。子恺先生情真意切，书画作品精妙绝伦，真令人叹为观止。

我那时和父亲同住在宣武区珠市口西大街的平房里。俗语说“近水楼台先得月，向阳花木易为春”，按常理我应最有机会得到父亲的渊博学识的传授和熏陶，可看到他那繁忙的样子，我实在不忍心打扰，不愿耽误他的宝贵时间。再加上我除了三班倒地上班，还利用业余时间读夜大，空闲时间也不固定，以至于很少能有时间静下来和父亲倾心交谈，至今想来都是莫大的遗憾。但有一次我因为要完成一篇语文作业，有机会得到了父亲语重心长的谆谆教诲，至今都让我记忆犹新，永志难忘。

我在读夜大的时候，我的学习成绩一直不错。有一次老师课堂布置造句作业，其中有一题是要求用“格外”造句，我当时联想到了“已是悬崖百丈冰，犹有花枝俏”的著名诗句。就选用冬天冰雪中的梅花来做素材，于是我就写出了“冰雪中盛开的梅花，格外引人注目”，我心中颇有一点儿得意，认为这个造句一定会得到老师的肯定，得个满分5分或5+，也许还能作为范例在班上表扬。等到放学领作业本的时候，我迫不及待地翻开作业本，却看到老师在我的造句后面给了一个5-。我有些不解，跑去问老师，老师微笑着对我说：“你先自己想想看，明天我再给你讲。”

放学回到家我有些闷闷不乐，正巧那天父亲下班比较早，我实在忍不住就去向父亲“诉苦”。父亲拿过我的作业本看了一眼，对我说：“你还真得好好想一想，这是用‘格外’造句，冰雪和梅花的选材还算不错，但是你知道梅花都有哪些颜色吗？”我仍然是一头雾水，梅花不是红色的吗？父亲语气和缓但很严肃地对我说：“你先去查查词典再说吧。”于是我找到常用的《现代汉语词典》，查到“梅”的解释是“落叶乔木，品种很多，性耐寒，叶子卵形，早春开花，花瓣五片，有粉红、白、红等颜色，味香”，至此我才恍然大悟。父亲对我说：“这里有你知识不全面、不扎实的因素，也有你粗心大意的原因，可能还有一点儿自满情绪的问题。其实之前我曾带你去过中山公园的唐花坞，那里就有白色的梅花，只是你没有留意罢了。你想想如果是白色的梅花，在莹白的冰雪中几乎就显现不出来，如果是粉色的虽可以显现，但远够不上‘格外引人注目’呀。”父亲接着说：“不只是造句，凡是写文章、做事情，都要遵循‘认真与求精’的原则，不能有一丝的懈怠。你今后要注重两个方面：一是不断扩展‘眼力’，即学问见识；二是注重锻炼‘笔力’，即运用语言文字的能力，这样才能逐步提高。”

看到我听得聚精会神，父亲接着说：“读书求知是前提，很重要，读书要分两个层面：‘略读’做到涉猎浏览，‘精读’力求深入钻研，二者需相辅相成，同时还要善于使用词典和字典，从中汲取和求证所需知识。写文章要反复推敲，精雕细琢，要不断提高自己的‘悟性’，学会举一反三，融会贯通，力争做‘通人’。我常常讲的‘语文修养’，就是指要达到掌握比较广泛的文学知识和熟练地运用语言文字的功力。”父亲娓娓道来的一席话，循序渐进又极富有哲理，真可谓是让我如沐春风，也让我的心灵感受到了从未有过的震撼，原来语文写作有这么多“讲究”，有这么多学问啊。

自此以后，我就遵循父亲的教导，按照他给我指点的方向与途径，试着努力提高自己，还逐渐养成遇到不确定的词语或存有疑义就及时查看《现代汉语词典》等工具书的习惯，的确获益匪浅。后来我修改的造句“冰雪中盛开的红梅，格外引人注目”，不仅得到了夜大老师的夸奖，更重要的是它已成为我求学的警句和格言，激励自己勤勉前行。

我渐渐发现自己仿佛重新认识了可爱可敬的父亲，我感到自己能够以一个虔诚学生的视角来仰视自己尊敬的导师，能够以一位求知者的期盼来静静聆听学者的灵动心声。我甚至奢望，如果把父亲比作一轮明月，我将来可否成为环绕他的小星星呢？

近些年来，我陆续在《北京晚报》《北京日报》上发表了十几篇小文章，虽微不足道，但却是我沿着父亲指引的治学之路，努力取得的点滴成果，在撰写这些文章的同时，我也获得了学识的充盈与提高。比如我写《潘家河沿与〈春在堂随笔〉》时，就几次到潘家胡同探访尚存的会馆遗迹，还把著名学者俞樾先生的《春在堂随笔》的有关篇章又阅读了两遍，增加了不少见闻和知识。又如我写《不起眼的方盛园》时，就几次到实地钻胡同，走访邻里，而且对于“不起眼”的表述，起初是写“胡同口不明显，不容易被发现”，后来经斟酌推敲，修改为“不经意间，它就会从你眼前滑过”，这样就使得对于场景的描述趋于形象生动，收到了较好的效果。

具体到家父刘叶秋先生的《语文修养》这本书，原名《编辑的语文修养》，全书共设七章，从讲语文的概念开始，比较详尽地论述了“编辑语文修养的三结合”“眼力与笔力锻炼的统一”“读书求知的重要性”“略读与精读”“看书与翻书”“跳障碍与攻坚城”“记性与悟性”“‘三馀’与‘三勤’”“行文和修改”“编写与审定”等诸多丰富内容，同时全书注重贯穿了“教师教书，作家写书，编辑编书，职务虽异，责任相同，都应该成为正确使用语言文字的模范”的中心思想。看似就编辑讲，其实对于每一个写作与阅读的人都大有裨益。书中不仅有方向性的理论指引，更有切实可行的方法步骤，既要求眼界开阔、博览群书，又强调深入钻研、精专有成，这其中的不少经典阐述都是家父多年前曾对我讲过的。

带着这些记忆的积累和自己学习的收获，现在重读这本书时，我体会到了一种从“感性”认知到“悟性”贯通的升华，仿佛透过书中的字里行间，读懂了学者治学的缜密严谨和思维的扩展灵动。我相信用心的读者，在认真读过此书后也许能和我有相同的体会，仿佛一经“点化”即感觉耳聪目明，似越过山峦看到了一马平川，似登上顶峰触摸了云舒云卷，似渡过碧海到达了目标彼岸，似心有灵犀激活了写作源泉。

《语文修养》看似是简约的一本小书，实则蕴含着提纲挈领的大学问，这本小书可读性较强，无论是章节设置还是内容论述，都简洁而不简单，详尽而不繁复。既充分论述了语文修养的重要性，又系统指明了提高语文修养的正确途径，用通俗易懂的语言讲述内涵丰厚的哲理，用习而能得的方法求解山重水复的疑难，这正是这本小书的魅力所在。

我在上海有一位亲友，早年间我父亲曾送给她这本书，她读后也颇有心得，前些天闻知本书将再版后特地写信来说“书中自有攀山径，书中自有渡海舟”，语句虽不免有点儿“流俗”，但却道出了读者的真挚感悟。可见小书不小，很值得一读。

2016年10月于北京什刹海畔

目 录

自序

我从1981年到现在，先后应一些出版单位和高等院校的邀请，讲编辑的语文修养，并在报刊发表过几篇文章。至前年在杭州与天津讲此，已不下十余次，所论大致相同，而时有增益。本来书海出版社曾约我以此为题，撰写书稿，作为该社《编辑丛书》之一种出版，供编辑同行参考。恰好去夏南开大学中文系设立编辑专业，请我开《编辑语文学》课程，遂拟定纲要，重新撰写，合书稿与讲稿为一编。但编辑语文，从来未闻有“学”，口气甚大，实不敢承，乃仍以《编辑的语文修养》名其书。旧日所作谈语文写作诸稿主要内容，俱经综括在内，并将《古汉语词典编撰简说》《略谈中国古代的书信》《类书常谈》《怎样理解和查找成语典故》四篇，辑为本书第六章，全文录入，以与以前各章节的叙述呼应联系，作为补充。

我认为当编辑，主要凭两个条件：一是眼力，指学问见识；二是笔力，指运用语言文字的能力。眼高，才能分辨作品的优劣得失；笔健，才能修改编写，得心应手。而要眼高笔健，除去努力读书和积极练习写作之外，别无他方。这其间，能否达到一个“通”字，又是成功或失败的关键。我一向强调“语文三结合”，内容是：（1）语言和文章相结合，要求说得简洁，写得通顺，达到说和写的统一；（2）语言和文学相结合，要求搞语言文字专业的人，有相应的文学修养；搞文学专业的人，有一定的语言文字之学的基础；（3）文学和史学相结合，不能分家。指文学家要熟悉史事，博古通今；史学家要兼擅写作，有相应的文学修养。在本书中，我讲这三结合，着重通过实例，说明其不能偏废，目的是希望编辑多出通人，成为学者。至于我讲文字训诂和音韵之学以及语法修辞，主要也是针对目前报刊和书籍中文字不通、乱用词语等等毛病，举出实例来谈一些基本的常识，未涉及任何高深的理论。我觉得不论什么专业的编辑，都应该有这方面的常识。尤其是科技书刊的编辑，更需于此补补自己的缺欠，以提高阅读理解和写作表达的能力。

全书设想，略如上述。效果如何，有待阳秋。解放前，我为丰子恺先生编选漫画集，先生自为短序，结尾引弘一法师（李叔同）诗云：“聋人也唱胡笳曲，美恶高低自不闻。”拙著粗疏，亦譬之聋人唱曲，不自闻知，须他人评定也。

1987年4月刘叶秋写于北京宣南之舟室

第一章　绪论

第一节　释名——语文与编辑

一、语文的概念

这里所说语文，首先指语言和文字。语言用声，适应当时的需要；文字用形，以符号记录，行之久远；这就是“说”和“写”。大家用以交流思想，表情达意，片刻难离；人人全要好好地学习，正确地使用。古时“语”与“言”，“文”与“字”，所指本不相同。如《论语·乡党》：“食不语，寝不言。”即以“语”和“言”对举。东汉许慎《说文解字》的“言”字解释说：“直言曰言，论难曰语。”认为自己叙述叫言，和人议论叫语。宋邢昺《论语疏》云：“直言曰言，答述曰语。”亦据许说而稍异其词。实际语和言，应该算作同义词，不必强为区别。所以后人往往连用二字以为一词。如《新五代史·四夷附录二》述契丹遣人至一处，见“居人多以木皮为屋，其语言无译者，不知其国地山川部族名号。”可知宋代“语言”已结合成词，这还未必是最早的出处。至于“文”和“字”，许慎在《说文解字叙》内说：“仓颉之初作书，盖依类象形，故谓之文。其后形声相益，即谓之字。字者，言孳乳而浸多也。像“日”“月”“山”“川”等象形字，各为独立的形体，就叫作“文”；像“江”“河”等形声字，左为义符，右为声符；“武”“信”等会意字，取“止戈为武”“人言为信”之义，皆合两体以成，故谓之字。大约春秋以上，言“文”不言“字”。如《左传》宣公十五年“故文反正为乏”；昭公元年“於文皿蟲为蠱”。与“正”相反为“乏”，从皿从蟲为“蠱”，都是会意字，而《左传》皆谓之“文”。据《史记·秦始皇纪》琅琊台石刻的“器械一量，同书文字”两句来看，足征秦始皇时已把“字”与“文”同用，合为复词。从此，就不一定再单说“文”了。

上面的引述，不是为了考证，而是借以申明我所说的“语文”的第一项含义，即语言和文字——说与写的工具，主要指日常生活中的说话和写话。我要说的“语文”第二项含义，是有关语言文字的常识和相应的文学修养，包括阅读写作的能力。大致相当于大学中文系语言与文学两个专业课程的部分内容。这种“语文”修养，亦为从事文化工作的同志所应该具备，而对编辑的要求要更高一些。掌握这两种含义的语文，达到什么程度，为衡量编辑水平的一个重要方面。

二、编辑的含义

编辑这两个字，我们也可以找一下文字学上的根据。《说文解字》释“编”字云：“编，次简也。”古人在竹、木简上写字。次简，就是把写好文字的竹木简，按一定的次第排列贯穿起来，使之前后衔接，可以顺序阅读。“辑”字本训车舆，原指车箱，有“聚集”之义。编辑，就是编集。编次、编撰、编纂等等以“编”字为词头的复合词，与“编辑”义皆相近。把编辑二字，结合成词，始于唐代。如新《辞源》引《唐大诏令集》八二卷仪凤元年《颁行新令制》：“然以万机事广，恐听览之或遗；四海务殷，虑编辑之多缺。”其中的“编辑”正为收集材料，整理成书的意思。仪凤乃唐高宗年号，可见唐初已有“编辑”一词。实际古人所做的编辑工作，并不限于把有字的竹木简排列一下次第，而是有一定的选择组织，经过加工整理的。从古至今，编辑都起着继承、保存和发扬光大文化教育的重要作用。

第二节　谈往——编辑与书

一、编辑的编书

编辑与书的关系，是源远流长、密不可分的。如果讲编辑发展史，可以另开一科专门课，我只粗举大凡，略谈几个重点。春秋末期的大思想家、政治家、教育家孔子，从政无功，授徒讲学。据《史记·孔子世家》说："孔子之时，周室微而礼乐废，《诗》《书》缺。追迹三代之礼，序《书传》，上纪唐虞之际，下至秦谬，编次其事……故《书传》《礼记》自孔氏。"除去订礼乐，序《书传》之外，还把古《诗》三千余篇，删除重复，"取可施于礼义"的精华，存三百零五篇，被之弦歌；又"因史记作《春秋》，上至隐公，下讫哀公十四年，十二公"；晚年还喜读《易》，以至"韦编三绝"，"赞明《易》道，申说义理"（后二语见《孔子世家·正义》），发挥尤多。孔子一方面传道授业，有弟子三千人；一方面编审教材，整理古代文献；影响很大，功劳非小。他的编选、删订、补充、解说，主要从政教方面着眼，思想自成体系，裁断极为高明，真可以算是编辑的老祖师。

由于战国时代，百家争鸣，纷纷著书立说，秦相吕不韦亦使门客各著所闻，汇辑成《吕氏春秋》（别称《吕览》）二十六卷，分十二纪、八览、六论，另列小题，为集体编书之前导。弟子纂述师说，像《论语》《孟子》之类，虽出众手，亦必有人定稿，同于《吕览》。其后，汉淮南王刘安撰《淮南》内外篇（即《淮南子》）；南朝宋临川王刘义庆撰《世说新语》，皆聚宾客文士为之，如《吕览》之例。吕不韦阳翟大贾，只识居奇，未闻能文，以其书“布咸阳市门，悬千金其上，延诸侯游士有能增损一字者予千金”。（《史记·吕不韦传》）似乎颇为自信，可是给《吕氏春秋》作注的汉代高诱，对这事看得很清楚，他说：“时人无能增损者，诱以为时人非不能也，盖惮相国畏其势耳。”（见《吕氏春秋序》）谁肯冒着生命的危险，去捋虎须呢？真若增损其书，恐怕是一金未得，而首领不保矣。刘安、刘义庆，虽号称“好书”“爱好文义”，也未必参与编撰，同于吕氏之恃高位而享著述之名。惟宋人所撰《资治通鉴》，由司马光领衔主编，实为不虚。且修书执笔，有明确分工。汉代事属刘攽，三国至隋事属刘恕，唐迄五代事属范祖禹，各尽所长。司马光统摄全书，总其大成，又按朝代顺序编目录三十卷，以备检查，表现了不寻常的学问见识和很高的编辑才能。这是我们谈编辑工作，特别值得一提的。司马光等人为编《资治通鉴》，辛勤地搜集史料，考订事实，编排年月；删繁举要，提纲挈领，在剪裁贯穿、润色文字方面，也下过很大的功夫。这部书把自战国到五代这一千三百多年间的史实，改撰为编年的通史，依时代之先后，使每事自具首尾，不似他史之分属纪传，极便阅读。宋英宗（赵曙）作《资治通鉴序》称赞它："博而得其要，简而周于事，是亦典刑之总会，册牍之渊林矣。"是不为过誉的。凡读古史有疑，都不妨试翻此书，对照一观。清乾隆间纪昀任《四库全书》总纂，于群书校订整理，极见功力；所撰提要，叙述源流得失，多中肯綮，亦不愧为总揽全局，名实交至之大主编。其博识宏才，诚为罕见。

其他如汉司马迁撰《史记》，记事始黄帝，止汉武，上下三千年，为通史之首；班固撰《汉书》，只载一朝之事，为断代史之首；刘向纂《别录》，其子刘歆纂《七略》（《辑略》《六艺略》《诸子略》《诗赋略》《兵书略》《术数略》《方技略》），为古籍分类编目，成目录学之先河；俱首树规范，有开创之功，促进了后来编辑工作的发展。又唐代中叶颜真卿曾撰《韵海镜源》三百六十卷，为"以韵统字"的辞书之首，先列单字的篆文，下附隶书和别体，引诸家字书来作解释；然后摘取两字以上的词语，按末字编韵。于经书子史以及释道之书，均加采择，包罗甚广。真卿气节文章，皆为世重，不独以书法成家。《韵海镜源》为其集众力纂成，而亲加撰次，亦无愧于主编之名。惜其书早已失传，至宋时仅存十六卷，已不及原书的二十分之一。现在大家都知道清人编《佩文韵府》，乃据元阴时夫《韵海群玉》、明凌稚隆《五车韵瑞》的“事系於字，字统於韵”的体例，又大加增补而成；明人编《永乐大典》，于单字下并列篆隶各体，似出新裁，实为《韵海镜源》所早已有之。我在拙著《中国字典史略》一书的第五章第五节中，于此有详细的考证。就编辑工作谈，颜真卿的用心和贡献，是应该表而出之的。

类书的编撰，从三国魏文帝（曹丕）命儒臣编《皇览》开始，历代皆有续作，至明编《永乐大典》、清辑《古今图书集成》而达到顶峰，说明了编辑质量的不断提高。

这一节的最后，我还要提到《辞源》。公元一九一五年商务印书馆《辞源》的出版，显示着编辑工作迈入了一个新纪元。这是一部以语词为主、兼包百科常识的大词典，收单字一万多个、词目十万条左右。除去单字和一般词汇之外，还有成语、掌故、典章制度、天文、地理、人名、物名、书名、音乐、技艺、医卜星相以及花草树木、鸟兽虫鱼等多方面的材料和各种新名词；综合古代字书、韵书、类书为一编，并博采当代外国辞书之长，首创新体例。它以单字领头，注音释义，下列以这个单字为头的词语，又按词语第二个字的笔画多少为先后次序。比以前的辞书，条理分明，眉目清楚，内容形式，俱见革新。

《辞源》出版，正在新知识的启蒙时代，“中学为体，西学为用”的提法，对《辞源》的产生，显然有一定的影响。《辞源》中新词的收辑，于由清末至“五四”以前的“西学”和中国的社会面貌、知识界的思想状态等等，都有所反映（如科学、民主、主义、摩登、租界、治外法权等新名词，皆可从书内查到），适合大家“博采新知”的需要；旧词的解说，又吸收了前人的研究成果，带有一些新的色彩，适合大家“贯通典故”的要求；既是一部革新的词典，又有一定的历史文献价值。因此出版后受到广泛的欢迎，起了不小的作用。

《辞源》卷首有《辞源说略》一文，论述辞书的内容体例、价值作用及编撰《辞源》之缘起、经历等等，着重指出旧学新知应该并重，辞书编撰必须适应时代的变化，不能故步自封，极为值得一读。这里摘引此篇的《编纂此书之缘起》一节文字如下：

癸卯甲辰之际，海上译籍初行，社会口语骤变，报纸鼓吹文明，法学哲理名辞，稠叠盈幅。然行之内地，则积极消极，内籀外籀，皆不知为何语。由是缙绅先生摒绝勿观，率以新学相诟病。及游学少年，续续返国，欲知国家之掌故，乡土之旧闻，则典籍志乘，浩如烟海，征文考献，反不如寄居异国。其国之政教礼俗，可以展卷即得。由是欲毁弃一切，以言革新，又竟以旧学为迂阔。新旧捍格，文化弗进。友人有久居欧美，周知四国者，尝与言教育事，因纵论及於辞书，谓一国之文化，常与其辞书相比例。吾国博物院、图书馆，未能遍设，所以充补知识者，莫急於此。且言人之智力，因蓄疑而不得其解，则必疲钝萎缩，甚至穿凿附会，养成似是而非之学术。古以好问为美德，安得好学之士，有疑必问；又安得宏雅之儒，有问必答。国无辞书，无文化之可言也。其语至为明切。戊申之春，遂决意编纂此书。其初同志五六人，旋增至数十人，罗书十余万卷，历八年而始竣事。当始事之际，固未知其劳费一至於此也。

癸卯甲辰之际，是指清光绪二十九年癸卯至三十年甲辰（公元1903—1904）之间。这时翻译的书籍，问世不久，新的名词术语，时见报端，人多不知何义。保守者，反对新学；谈革新的，又欲尽废旧文。新旧抵触，自然影响进步。有识之士了解到辞书在发扬文化、启迪愚蒙方面的重大作用，认为“一国之文化，常与其辞书相比例”，“国无辞书，无文化之可言”。发起编撰《辞源》的诸公，在七十多年前能够理解及此，有这样的高见卓识，显示出编辑的强烈时代责任感，实在令人佩服！《辞源说略》在谈到考释词语名物时还说：“往往因一字之疑滞，而旁皇终日；经数人之参酌，而解决无从；甚至驰书万里，博访通人，其或得或失，亦难预料。”这又表明编辑工作需要以非常严肃认真的态度来进行，是我个人在多年的实践中深有体会的。

二、编书的体例

编书确定体例，为的是使内容条理化，便于阅读。经史子集，内容不同，编文标目，方式各异。经书如《尚书》载古代的典诰，以记言为主，按人或事分篇，自《尧典》至《秦誓》，依时代为先后；《周礼》释古代的官制，分天官、地官、春官、夏官、秋官、冬官，各领所属，分标子目；《诗经》为最早的诗歌总集，分风、雅、颂三大类，雅有大小，颂有周、鲁、商，诗篇细目，各列项下；《易》以卦分六十四，各作解说；诸如此类的体例，都是适应内容的特点而确定的。

史书按体例言，分为三大类：《春秋》为鲁国的史书，记自鲁隐公至鲁哀公时事，以年月为先后，称编年体；《史记》为我国第一部通史，司马迁首创本纪、表、书、世家、列传五种各自独立又互有关联的体裁，后出的二十四史，都参酌《史记》而编撰，称纪传体；宋袁枢的《通鉴纪事本末》，以事为纲，完整地记叙其始末，称为纪事本末体。至于政书、丛考，如唐杜佑的《通典》，元马端临的《文献通考》等等，内容大致相当于《史记》的“书”（《汉书》改称“志”）。《通典》共分食货、选举、职官、礼、乐、兵、刑、州郡、边防九部，每部又各有细目，详载卷首。观其篇目，即可了解这一类著作的编排体例。

诸子分篇，多概括内容为题目，如《荀子》的《劝学》《修身》，《庄子》的《逍遥游》《齐物论》等篇目，皆为主要内容的提示。至于《论语》《孟子》，则出于门人编辑，零星语录，无目可标，故取篇首的两三个字，如《学而》《为政》《梁惠王》《公孙丑》之类，作为篇名，并无意义。这两部书，虽被列入经内，实际也和诸子一样，乃一家之言。

诗文总集如梁昭明太子（萧统）所编的《文选》，共六十卷，从赋、诗到吊文、祭文，共分三十七体，为按体编书之始。继起的大部头总集如宋李昉、徐铉等所编的《文苑英华》一千卷，分赋、诗等三十八体，与《文选》略有异同。历代个人诗文集的编次，亦有编年、分类、分体三种体例。

字典、词典、类书、韵书等，编次体例各异。如东汉许慎的《说文解字》，是最早的一部字典，以讲文字形体为主，按小篆的形体偏旁，编次文字，共分五百四十部，首创了按部收字的体例；最后成书于汉代的《尔雅》，是最早的一部词典，按所释之词的内容，分释诂、释言至释草、释木共十九类，首创了按类收词的体例，都对后代有较大的影响。类书是古时的一种材料汇编，如唐欧阳询等所撰的《艺文类聚》，一百卷，分自天部、岁时部至祥瑞部、灾异部共四十五部，每部各有子目，每一子目之下，都是先采事类，后录诗文，并大致按所引各书的时代早晚排一下次序。韵书如宋陈彭年等所撰的《广韵》，分二百零六个韵部，按韵收字；虽为审音辨韵而编，主要供查韵之用，却兼具字典的功效。

上述的各种编撰的体例，并不能尽善尽美，全无缺点。如唐刘知几即曾在所著的《史通·编次》篇中指出《史记》的列传体，本以写人，可是《龟策传》所记是物，且全为“志”体，与八“书”并列，才较为合适。类书的部类，分合未当；或内容重复，一条数见的毛病，亦较为普遍。如《太平御览》

的“礼仪部”与“仪式部”，“服章部”与“服用部”等，即均宜合并。《太平广记》于“神仙”类外，又有“女仙”，还另分“神”一类，亦不免重复；其一三七卷“征应”类的“陈仲举”一条与三一六卷“鬼”类的“陈蕃”一条，皆引《幽明录》，内容相同；稿出众手，未能统一审定，故不免时有粗疏之失。

总起来说，古代编书的体例，以编年、分类、分体、分篇、分部首等用处为最多，承袭已久，也不断改进。如字典的部首，《说文解字》分为五百四十，实在过于繁复，压缩为明梅膺祚《字汇》的二百十四，再简化成现代字典的一百九十多，即为改进的一例。近代自《辞源》首创以单字为词头，以字领词之例，一直为后出的词典所沿用，亦取其字词结合，便于解说，远胜《尔雅》式辞书的分类，是一种进步的改革。至于现在用四角号码或汉语拼音的音序，排列字头，那就较之按简化的部首查字更方便得多，越改越好，也是事所必然的。

第二章　编辑与语文

第一节　编辑与语文的关系

一、职责与运用

编辑与语文的关系，极其密切。报刊、书籍，起着语文规范化的作用，一经印行，读者众多，影响非小，编辑的责任是十分重大的。无论做什么专业的编辑，都需要审稿、改稿、写稿，处处离不开语言文字。因此各行各业的编辑，除去精通自己的专业之外，全须先过文字关，打下坚实的语文基础：语言精练，文字通顺，做到说和写的统一；博览群书，充实腹笥，以通古今之变。编语文和文学书刊，或做整理古籍、考订文物等等工作，对语言文字，就更应加倍地讲究。比如编词典，收录单字，得审正字形、标注字音、解说字义，需要文字学、音韵学、训诂学的常识；阐释典章制度，应该源流清晰，始末贯通；需要经史和考证的常识；介绍书籍，必须概述内容，评价得失，兼及刊刻流传的端绪，需要目录、版本的常识。此外，天文、地理、人名、物名、音乐、技艺、医卜星相、花草树木、鸟兽虫鱼，在一般的综合性词典中，几乎无所不包，涉及多方面的“杂学”。做编辑的，没有较高的语文水平和广博知识，是难于应付裕如的。

二、认真与求精

我认为教师教书，作家写书，编辑编书，职务虽异，责任相同，都应该成为正确使用语言文字的模范。当编辑，不仅要能编、能写，还得能读、能讲，始为全才。只能编，不能自己动笔写作，就有很大的局限性，好比缺一条腿，走不好路。不好读书，学识难有进诣，无法提高工作质量，好比无源之水，终将枯竭。不善讲解，则交流经验，传授知识，滞碍即多，难为人师，又好比货物甚多，却卖不出去。无论审稿，改稿，作提要，加标题以及一切动笔之事，都须严肃对待，一丝不苟。自己写文章，更要多加修改，不能草率。认真、求精，是工作的起码要求；读书、练笔，为提高的重要条件。在后面的章节中有专谈读书练笔的部分，这里先说一下我一向强调的“语文三结合”。

第二节　编辑语文修养的三结合

一、“语言”和“文章”的结合

语文的三结合是指：（1）“语言”和“文章”相结合，即“说”与“写”应该兼精；（2）“语言”和“文学”相结合，即二者并重，不能偏废；（3）“文学”和“史学”相结合，即必须兼通，不能分家。兹分别论之。

第一项“语言”和“文章”相结合，指发声成语，落笔为文，“语”和“文”本来是一回事情。南朝梁刘勰《文心雕龙·总术》云：“予以为发口为言，属笔曰翰。”正好说明语言和文章的作用相同，应该一致。说话简洁流畅，行文扼要清通，二合为一，不能算作苛求。但有人善于辞令，说起来口若悬河；写起来就词不达意，难成片段。有人下笔千言，似乎不假思索，而说话期期艾艾，重复颠倒，毫无条理。这大概和才具的长短、思路的迟速以及口齿的清楚与否，都有关系。一般说来，写文章，除去当堂限时的命题作文之外，皆可从容构思，斟酌修改。发言则应对咄嗟，衔接顷刻；欲其精炼流畅，非思维敏捷、反应迅速莫办。能说不能写的，常常是学养不足，不善归纳，缺乏有计划的写作练习所致。《世说新语·文学》记东晋乐广善于请言而不长于手笔，他要辞让河南尹，请潘岳代撰辞表。潘岳根据乐广叙述的意思，加以错综，即成佳作。足见说和写，容许各有所长，不足为异。不过要使说写兼精，并非不可能的事情，只要加强思维锻炼、写作练习，就能办到。凡说成片段的话，注意搞清思路，安排层次，连贯前后，删除重复，以较准确的词语来表达，不要说了上句再想下句，自可简洁流畅。这样，久而久之，成了习惯，一开口即气充辞沛，滔滔不绝；记录下来，稍加润色，成文亦不费事了。唐韩愈在《答张籍书》中说："所谓著书者，义止於辞耳，宣之於口，书之於简，何择焉。"他也认为语文一致，说写无别，说得简洁，写得精练，本来应该统一起来。当然，无论说和写都以"立意"为先，要中心明确，言之有物，否则有多好的口才和写作技巧，也无法使空洞的内容感人。

二、"语言"和"文学"的结合

第二项"语言"和"文学"相结合的"语言"，包括较广，连文字学、音韵学、训诂学、语法修辞学等等，都算在其内。做语文编辑，对这些学科，必须具备应有的知识，了解历史，掌握规律，通达古今之变，知其源流演化，才能正确地使用语言文字，维护其纯洁和健康。不过，只学这些，知识面往往有偏，还应多读文学作品，以资调剂。有一位编词典多年的老编辑曾对我说："整天编稿，接触的只有字词；查阅古书，不过寻章摘句。偶撰短文，也似作词条那样，枯燥乏味，毫无文采。看看从前写的东西，好像不是出于我手，真得多读一些诗文名篇，小说戏曲佳作，来治治我的贫血病了。"其言切中要害，足以发人深省。我所以强调"语言"和"文学"相结合，意义即在于此。换句话说，就是希望搞"语言"的人，不要仅限于专业的研究，宜多读文学作品，以扩大视野，活跃思维，增长学问，丰富情趣。如此，即写考据文章，亦能生动有致，富于辞采了。这里摘引唐王勃的《滕王阁诗序》一段文字来看：

> 时维九月，序属三秋；潦水尽而寒潭清，烟光凝而暮山紫。俨骖騑於上路，访风景於崇阿；临帝子之长洲，得仙人之归馆。层峦耸翠，上出重霄；飞阁流丹，下临无地。鹤汀凫渚，穷岛屿之萦回；桂殿兰宫，列冈峦之体势。披绣闼，俯雕甍；山原旷其盈视，川泽盱其骇瞩。闾阎扑地，钟鸣鼎食之家；舸舰迷津，青雀黄龙之舳。虹销雨

霁，彩彻区明；落霞与孤鹜齐飞，秋水共长天一色。

这篇文章，以四六句为基调，藻绘纵横，文笔优美；音节合于乐律，形象有如画图；一气呵成，意绪若悬河泻水；结构谨密，浑然似无缝天衣。必须阅读全篇，从头至尾地仔细玩味，始能见其洋溢之才华与高超的写作技巧。倘或仅从对仗和修辞的角度，欣赏其“落霞与孤鹜齐飞，秋水共长天一色”一联，而忽略由整体上领略其意境，那就是见小而失大了。另如苏轼的前后《赤壁赋》，所叙游踪甚简，只就一时细事，眼前景物，随机触发：“壬戌之秋，七月既望，苏子与客泛舟游于赤壁之下。清风徐来，水波不兴，举酒属客，诵明月之诗，歌窈窕之章，少焉月出于东山之上，徘徊于斗牛之间。”《前赤壁赋》的开头，即如行云流水，非常自然；《后赤壁赋》写与二客得鱼酒之后，“于是携酒与鱼，复游于赤壁之下。江流有声，断岸千尺，山高月小，水落石出，曾日月之几何，而江山不可复识矣”。本来无意重临，忽然又至，而时序迁流，景物已殊，数语道及前游，衔接此际观感，亦妙在绝无斧凿之痕。这两篇赋，信手挥洒，均似无意于作文，而其中有人有物，有情有景，活泼生动，一片神行。作者的哲学思想、生活体验、学问修养以及敏锐的观察，非凡的才思，融为一体，显现于字里行间，使我们如见其人，如闻其语，展示了一个极为崇高的文学境界。我们要是只赞美其片言只语，对“山高月小，水落石出”之类的句子做语法分析，而不识其为散文赋之绝唱，那也算糟蹋了这两篇杰作。我所以强调“语言”和“文学”结合，是为了说明两者本为一体，不容分割，希望搞语言专业的同志，注意提高自己的文学修养。文采既富，眼力自高，写文章当然不会只剩干巴巴的几条筋了。

三、“文学”和“史学”的结合

第三项“文学”和“史学”相结合，是指学文学的要懂历史，学历史的也得有相应的文学水平。“文史不分家”，并不是说“文”与“史”的性质一样。历史重在事实，不能虚构。唐刘知几云：“夫史之称美者，以叙事为先。”（《史通·叙事》）正是这个意思。文学作品，则容许想象，可以概括现实，创造典型；二者当然不能混同。但“言之无文，行之不远”，写历史也得有好文笔，言辞要富于文采，始能久远流传。刘勰所说“言以文远，诚哉斯验”（《文心雕龙·情采》赞）即谓此理经过检验，证明正确。司马迁的《史记》，可贵就不仅在于史料，其文采亦足以副之，是以成为典范。另如清孔尚任所撰《桃花扇》传奇，通过明末秦淮名妓李香君和复社名士侯朝宗的爱情故事反映南明小朝廷覆亡的原因，主题深刻，笔墨精妙，被称为一代成功的巨著，主要也由于作者的“文学”与“史学”能够密切结合，使历史的真实和艺术的真实达到高度的统一。孔尚任为了编这部传奇，多方面地考核故实，寻求古迹，访问故老，搜辑轶闻；经过十余年的酝酿准备而完成。所写人物事件，既有充分的史料根据，又有高明的艺术概括；虽是戏剧，却能生动地显示那一时代的历史面貌，足见作者的不凡。

近年我看了几部电影、电视剧和剧本，觉其编者多富于文采，而疏于考史，时有常识性的错误。例如一个叫《一代文杰》的剧本，据清乾隆间纪晓岚（昀）的传统演饰，戏剧性甚强，而有些细节失于考证，如其中写纪晓岚家人向他禀报：“老爷，翰林学士董文恪董老爷来访。”按文恪为董邦达的谥号，活人焉能称此？大概是作者见到某书记载与纪晓岚来往的有董文恪，遂误以文恪为人名。剧本又写一个宫女掀帘进殿向乾隆皇帝禀报：“领侍卫内大臣兼理藩院尚书和珅、大学士刘统勋、阁老刘墉应诏拜见皇上。”按阁老为明清时对大学士及翰林掌制诰者的敬称，是不能作为官衔来向皇帝禀报的。刘统勋于乾隆二十六年拜东阁大学士，乾隆三十八年即卒。刘墉为统勋之子，乾隆十六年中进士，其授协办大学士，已在统勋卒后，至嘉庆二年始授体仁阁大学士。谓刘统勋，刘墉同时以大学士身份进见乾隆皇帝，未免荒唐！

类似的称呼错误，我还可以举出一些。古人在称呼方面，严于尊卑上下之分，尊长对子侄晚辈照例呼名不称字，字只用于同辈间的互称。电影《知音》写袁世凯呼其长子袁克定之字："芸台，叫你洪姨娘找二十服御制舒肝丸，请蔡太夫人先吃半年看。"这是不对头的，应该喊"克定"，而不是呼"芸台"。电视剧《洛神赋》内的曹操，呼其子曹丕、曹植之字曰"子桓、子建"如何如何，亦属同样错误。按魏晋人称呼自己的子侄，偶然用字。如竹林七贤中的阮籍，即曾呼其从子阮咸之字"仲容"。《世说新语·任诞》："阮浑（阮籍子）长成，风气韵度似父，亦欲作达。步兵（即阮籍，曾为步兵校尉）曰：仲容已预之，卿不得复尔。"阮籍不仅称其侄阮咸之字，而且以平辈间的昵称代词"卿"来呼其子。此亦名士风流，一时高兴，不能引以为例。明清以来，封建士大夫崇尚礼教，过于前代，上下之称，非常讲究。袁世凯清末显宦，这时一心想做皇帝，决不会像阮籍那样随随便便，不讲礼数。曹操当年威重过于帝王，更不能当众称子之字，剧中改呼"丕儿""植儿"，方为得体。电视剧《郑板桥轶事》里的县衙差役，称郑板桥为"郑大人"，也不符合清代官场的习惯。郑板桥做知县，不过七品官，其属下或同僚都是只能叫他“郑老爷”，而不能叫他“郑大人”的。看看清文康《儿女英雄传》前两回，大家对河工知县安学海的称呼，就可以了解这一点。一般做官的人家，夫妻之间，亦以“老爷”“夫人”（或“太太”）对称，并不呼名。电视剧《林则徐》中的林夫人，用手按着林则徐的肩头，亲切地喊着“则徐”，这是把道光、咸丰间的人给“现代化”了的。

用现在的语言去写古人的对话，亦为目前影剧的通病。《洛神赋》剧演甄宓被迫嫁给曹丕后与曹植密谈一幕，曹植有两句话，大意为：“你为了我，把一切都付出了。”这是把20世纪80年代青年说话的腔调，加给三国魏时的曹子建了，听了不免觉得滑稽。至于古人竟也常说“问题”这个新名词，今天的简体字，出现在解放前的商店招牌上之类，大约亦因影剧的编辑和导演，于此习用已久，遂忘时代，致成小疵。

其他不合事实和情理的细节，亦常见于影剧。如香港的电视剧《侠女除暴》，据《儿女英雄传》十三妹故事编成，改动甚大。其中写总督纪献唐到属下的何杞家去道贺他做中军，并为自己的儿子求娶何女，即为不可能有的事情。清代总督总揽一省或两三省的军政大权，虽与巡抚平行，而官居一品，位在其上。督抚之间，可以互相拜会。在总督属下的督标中军，不过是个副将。总督居然屈尊去拜会中军，决无此理。又此剧内的何玉凤（即“十三妹”），作为副将衔的督标中军何杞之女，也算是个“大家闺秀”，竟而独自一人骑马上街闲游，还到酒楼打抱不平，惩罚恶人，岂封建礼教所能允许？即使何杞比较开明，而身在官场，焉敢纵容女儿“自由”至此？要知道《儿女英雄传》写十三妹闯荡江湖，到处行侠仗义，乃父亲被害侍母逃亡以后之事，《侠女除暴》使之提前，就与当时的历史背景相违，降低了作品的现实性。《洛神赋》写甄宓投河，缓步下水，由浅入深，直至灭顶，未见跌倒。按常识说，水至胸前，即难站立。这样一写，虽富于戏剧性，却远离了生活的真实，不足为训。《郑板桥轶事》写郑板桥看见某人门首的“二三四五”“六七八九”，这副对联，即知其缺“衣（一）”少“食（十）”，派衙役与送衣食，并为此人安排抄写之事，以资糊口。这一情节，作为封建社会寒士的悲愤呼声和父母官关心民间疾苦的反映，很有意义。但一二三四五六七八九十这十个字，除去“三”为平声字外，其余俱属仄声，分为上下，怎么也不成其为对联。还有的民间传说，谓此联为宋代吕蒙正作，当然更靠不住。从讲学问的角度来谈，当编辑，应该能够对传说和科学做明确的区分。

总之，我所说“文学”和“史学”相结合，不能分家，是指文学家要熟悉史事，博古通今；史学家要兼擅写作，有相应的文学修养。搞文学创作而疏于史实，不知考证造成的疏失，上面已举例说明。只重史实，少读文学作品，没在文字训诂方面下过功夫，则阅读古籍，有时难于理解，容易误会词义，在断句上出错，试举两例：

（1）若能翻然清尚，解佩捐簪；则吾於兹山，庄可办一。得把臂入林，挂巾垂枝，携酒登巘，舒席平山，道素志，论归款，访丹法，语玄书，斯亦乐矣，何必富贵乎？

（《北齐书·祖鸿勋传》与阳休之书）

（2）然天与我才，明不与我年寿，恐四十七八间，不见女嫁儿娶妇也。

（《三国志·魏书·管辂传》管辂与弟辰语）

（1）例首句标点应作："若能翻然清尚，解佩捐簪；则吾於兹，山庄可办。""一"字属下，与"得"成词。"一得"犹言"倘得""如得"。"一得"以下云云，皆假设之辞，期望实现于日后者。六朝人喜为骈俪之文，祖鸿勋这篇与阳休之书，即以四六句为主。"若能"后面连着四个四字句，形式整齐。只以句法言，第三句也是不会忽然多出一个字的。

（2）例首句标点应作：“然天与我才明，不与我年寿。”“明”字属上，与“才”为词。“才明”犹言“才智”“才慧”。按《后汉书·马援传》记马援说隗嚣曰：“前到朝廷，上（指东汉光武帝刘秀）引见数十，每接宴语，自夕至旦，才明勇略，非人敌也。”这里以“才明”与“勇略”对举，和《管辂传》的“才明”意思相同。以上两例俱以不解文义，而割裂复词，误断句逗。由此可见文史知识之必须统一。否则即使学有专长，阅读亦易遇障碍。我所以强调“语文”的三结合，就是希望纠偏补缺，使编辑多出“通人”，成为全才。

说写统一，为学好语文的重要前提；而做编辑工作，要“说得好”的目的，主要还在于有力地促进写作修改的能力。如果说这属于自我练习的范围，那么要求“语言”与“文学”密切结合，“文学”与“史学”兼通，就算是读书求知的努力方向了。从前的多数大学，中文系（或称国学系、文学系）除去有选修课外，并不分什么专业。中国文学史，也是一人主讲，一贯到底。学生虽然可以根据个人的兴趣爱好，在学习中有所侧重，但必修课范围较广，可以打下一定的知识基础。现在分科太细，只务专精，知识面不免狭窄。如学现代汉语的，可能不懂古汉语，学现代文学的，于古文亦往往所知甚少；搞语言专业的，也容易只着眼于字词训诂、语法修辞，而忽略文学作品的整体；学历史的，也往往多重史实，而在文学方面的修养较差；这就影响其成为“通人”，难以适应复杂的编辑工作。像中华书局这样以整理古籍为中心的出版社，其主要工作是校勘、注释、考证等等，不熟习版本、目录、考据之学和文史哲各方面的学术源流，不能熟练地使用各种工具书，即很难胜任愉快。所以古典文献专业的大学毕业生到这里来，最为合适。因为他们在校时就学过这方面的专业理论，并常以校点古籍，作为练习的科目，其所掌握的版本、目录、校勘、注释等方面的常识，借此得到运用的机会与实践的检验；自己的见解、看法，又可以通过“前言”来发挥；等于在入出版社当编辑之前，做好了准备工作，其事半功倍，是可以想象的。至于一般学文史的大学生到这样的出版社来，其适应和学习的过程，自然要长一些。我认为这里提出的“三结合”，包括编辑语文修养的重要方面。缺乏古典文献专业各种专业知识的文科毕业生，更须特别注意及此，以补充自己学习中的缺欠，解决知识面窄的问题，向“通人”的道路上迈进。

第三节　编辑语文修养的内容

一、眼力与笔力锻炼的统一

我认为当编辑，主要凭两个条件：一是眼力，指学问见识；二是笔力，指运用语言文字的能力。眼高，才能分辨作品的优劣得失；笔健，才能修改编写，得心应手。而要眼高笔健，除去努力读书和积极练习写作之外，别无他方。这其间，能否达到一个“通”字，又是成功或失败的关键。

做任何工作，皆以学问见识为首要，编辑亦然。晋庾仲初（阐）作《扬都赋》成，以呈庾亮，亮大加称赞，谓其“可三《二京》，四《三都》”（可以和汉张衡的《西京赋》《东京赋》鼎足而三，和晋左思的《三都赋》并列而四）；于是“人人竞写，都下纸为之贵”。但谢安不以为然，说：“此是屋下架屋耳。事事拟学，而不免俭狭。”他认为处处摹仿，而内容不丰，等于屋下架屋。（见《世说新语·文学》）做编辑审阅稿件，就应该有谢安这样高明独到的见识，而不是以耳代目，人云亦云。至于写作的重要，前面已经论及。这里再引《文心雕龙·情采》的几句话来做补充："圣贤书辞，总称文章，非采而何？夫水性虚而沦漪结，木体质而华萼振，文附质也。虎豹无文，则鞹同犬羊；犀兕有皮，而色资丹漆，质待文也。"作品得有充实的内容，也需要相应的文采。这段比喻，说明"质"与"文"必须密切结合的道理，甚为透彻。眼力与笔力（即读和写）的锻炼，应该同时进行，于此益信。

二、读写编的综合

什么是编辑的语文修养？简括说来，即比较广泛的文史知识和熟练地使用语言文字的功力。编辑以编书审稿为职责，以修改润色为能事，先要有读书的积累和练笔的基础，然后才能逐步提高。读写编，可算三位一体，而读最重要。读为编和写的根底，编和写为读的实践，讲解又是读的发挥。做编辑，要能编、能写、能读、能讲，始为全才，缺一不可。

编辑的语文修养，涉及的范围很广，凡大学中文系已有之文字、音韵、训诂、语法修辞以及版本目录诸学，本书均将叙述，但不为理论之发挥、系统之讲解，而着重从编辑工作之角度，谈其实用。换言之，编辑的语文修养，即为将一切语文知识纳入编辑轨道之学，统一眼力与笔力的锻炼，综合读写编，以求提高，为撰写之最终目的。

第三章　编辑的语文基础

第一节　文字训诂和音韵学的运用

一、文字学的运用

掌握文字训诂和音韵之学的知识，运用到实际工作中去，为编辑语文基础的一个重要方面。文字学是讲文字形音义的关系及其起源、发展、演变等等的学问。以《说文解字》为基础，参照甲骨文、钟鼎文和出土的其他古器物上的文字，来进行研究，是目前大家常用的方法。这里首先应该通晓“六书”。对战国以来流行的分析文字的理论“六书”说，《说文解字》有具体的解释：

一曰指事。指事者，视而可识，察而见意，二（上）

二（下）是也。二曰象形。象形者，画成其物，随体诘诎，日月是也。三曰形声。形声者，以事为名，取譬相成，江河是也。四曰会意。会意者，比类合谊，以见指㧑，𢧜（武）信是也。五曰转注。转注者，建类一首，同意相受，考老是也。六曰假借。假借者，本无其字，依声托事，令长是也。

把实在的物体如日、月、山、川、马、牛、羊、鹿之类，按其形状，弯弯曲曲地描绘下来，叫作“象形”。对无法画出的东西，用符号来表示，使人根据符号去体会所要表达的意思。如把一短横加在一长横的上下来表示“上”和“下”的概念；把一横加在“木”上为末，加在“木”下为“本”，以表示树尖和树根之所在；叫作“指事”。以两个形体，组成一字，一形表义，一形标音，如“江”“河”两字的水旁是义符，“工”与“可”是声符，叫作“形声”。又“材”字训“木梃”，从“木”，“才”声；“杪”训“木标末”，从“木”，“少”声，也是形声字。结合两个以上的形体，联系几个概念来表示意义，如阻止干戈（战争）为“武”，人说话为“信”，叫作“会意”。又“背私为公”，二木成“林”；“公”与“林”亦为会意字。此外，“转注”是两个字在意义上有相通之处，可用来互相解释的意思。如“老，考也”，“考，老也”，以“考”释“老”，以“老”释“考”，许慎即认为转注。“茅，菅也”，“菅，茅也”，亦属转注。“假借”是借用声同、声近的字来表义。如“隹”字，古时指短尾禽，和“唯诺”的“唯”字读音相同，就借“隹”作“唯”；“然”为“烧”义，“焉”乃一种黄色鸟，全借用作语助词。“其”字是“箕”形，借用为代词；此皆只借原字的形和声，与意义无关。六书中的象形、指事，是独体的“文”；会意、形声，是合体的“字”；转注、假借，则是同部互训和同音借用的办法。不过许慎所列六书次第，以指事居象形之前，实际应先有象形，后有指事。他释“武”字说“止戈为武”，据甲骨文看，乃人荷戈之形，“止”指人足，并非会意字。这是许慎当时囿于见闻所造成的误解；我们无须为他辩护。许慎对“转注”的解释，也有许多人不同意。他所举的“令”和“长”二字，亦并非假借字。但《说文解字》一书，在文字学方面的贡献，却不容否定，在今天仍然值得认真研究。

从目前书籍报刊的内容来看，编辑缺乏坚实的语文基础，是比较普遍的问题。不辨字形，不知字音，不懂字义，而随意乱写、乱念、乱用的，并非个别，说明不重视语言文字的正确使用的，还大有人在。这几年我时常收到各地编辑同志的来信，其中字迹潦草，形体歪扭，笔画错误的，不在少数。如把商务印书馆的“商”写成“啇”，不知“啇”音dí，是“根”“本”的意思；把“收斂”的“斂”写成“歛”，不知“歛”音gàn，是“欲”“予”的意思；以两字混为一谈，可见粗疏。又如“段”字的右旁是“殳”，“假”字的右旁是“叚”，写时颠倒互换，成为“叚”“假”的，屡见不鲜。“漱”字的右旁为“欠”，“嫩”字的右旁为“攵”，亦常有人误作“潄”“嫰”。此外，如“染”的右上角是“九”不是“丸”；“漆”字的右上角是“木”不是“朩”之类，还可以说区别细微，容易忽略。至于把“柳”树的“柳”写成“枊”，把欢迎的“迎”写成“迎”，以至连“年”“接”“射”“暖”“聚”等等，也随意增减笔画，改动偏旁，更是马虎到使人难以原谅的程度。报载某医院将一个重病号，转往其他医院，请几位大夫会诊。但病历上的字迹有如天书，无法辨认，猜测不出，因而耽误时间，加重了患者的病情。如此“信手挥洒”，岂不害人？推究原因，这和上述诸字之误，恐怕主要都是不认真，不负责，懒惰成性，敷衍了事所造成，绝非一个“忙”字所能卸责的。

有文字学的常识，懂得六书的条例，了解形声、会意的道理，消灭错别字，即比较容易。比如“祭”字的形体，“从示，以手持肉”（“⺼”即“肉”字，似“月”而斜，俗称“肉⺼”；又，像手形，就是左右的“右”，“示”指神事），知道以手持肉，表示用肉祭神的意思，就不会把“登”字头安在“祭”的上面，写成“癸”；“采”字“从木，从爪”，表示用指爪从树上捋取果实，与“番”字头从“釆”（音biàn，像兽指爪分别之形）中间一竖上下通的不同，“採”“綵”等字的右旁，俱为“从木，从爪”之“采”，这和“祭”都是会意字，据义辨形，即不致误。另外，如“假”“遐”“霞”等形声字，都由“叚”（jiǎ）得声。搞清这点，就不会误以“段”为声符而写错了。由此可见掌握文字学常识的好处。

二、训诂学的运用

训诂学为解释古书中词语的学问。“诂”是古言，指以今言解释古语；“训”为“顺”意，指通顺地说明词语的含义。古代训诂的方法，大概分为（1）义训；（2）形训；（3）音训三种。所谓义训，是从意义上就古今语言的不同，方言的相异和本义、转义的差别等来解释词义的。如《尔雅·释诂》：“迄、臻、極、到、赴、来、弔、艐、格、戾、怀、摧、詹，至也”；以当时的常用词“至”来解释一组古语或方言的同义词。《尔雅·释天》："穀不熟为饥，蔬不熟为馑，果不熟为荒，仍饥为荐"；以一类词汇集一起而分别解释，方式与前例不同。所谓形训，是从文字形体的分析上来解释词义的。如《说文解字》的"厶"（即"私"）字引韩非曰："仓颉作字，自營为厶"（见《韩非子·五蠹》，今本"营"作"环"，义亦相通）；即因形释义之例。所谓音训，亦称声训，是以同音字或声音近似的字来解释词义的。如《释名·释水》的"澮"字注解说："澮，注溝曰澮。澮，會也；小溝之所聚会也"；又"淪"字的注解说："淪，水小波曰淪。淪，倫也；小文相次有倫理也"。前者用"澮"字的形旁"會"字说明"澮"字得名的由来，是以声近字来推究辞源的；后者用"倫"释"淪"，是以同音字来探求辞源的。其他训诂方式尚多，因非本书重点，兹不多述。

学点训诂学，对以今言释古语，以通语释方言的各种原则，有初步的认识，再广泛翻检古今辞书，了解其解说词义的种种不同体例，于古今词义变迁的情况，大体心中有数，在阅读古籍时，遇到不懂的词语，就容易推求清楚。整理古籍，编撰辞书，作解说注释，更需要这方面的知识。有训诂学的基础，即不致误解字义，用错词语，对自己写作的帮助亦大。

近年由于大家的爱好，成语的使用范围不断扩大，不仅常见于报刊书籍的文字，亦恒闻于一些解说词与口头的问答中。但对词语的含义不大清楚，因而误解乱用的，不在少数。例如介绍北京旧恭王府的一个电视节目的解说词，竟说门前的一对石狮子“脉脉含情”，实为不伦不类，搞错了对象。“脉脉含情”，谓温存默对，有意未发，多指女性而言。狮子是猛兽，怎可以此形容？作者大概是要说石狮雕刻生动，形象逼真，而想不出适当的词语，就把这四个字抓来用上了。一篇谈时装表演的报导，提到有一种款式新颖的服装，为大家所喜爱，纷纷仿做，竟说“群起效尤”，不知此语用于贬义，指学做坏事，而且做得更为过头。如此一说，好像仿制新装，成了罪状，岂不和原意相反了么？一篇记球赛的通讯，说某球队水平不高，技艺低劣，而谓其“差强人意”。不知此语是“比较不错，还令人满意”的意思。这里的“差”为“比较、略微”之义，作者大约是误解此“差”为“差错”，遂致说到相反的一面去。1985年5月中旬，香港一位著名的电视演员翁美玲自杀而死，当地报刊有以“栩栩如生”来形容其遗体的，亦属误用。按“栩栩”出《庄子·齐物论》：“昔者庄周梦为蝴蝶，栩栩然蝴蝶也。”栩栩，本以形容欢畅之状。后称“栩栩如生”，多以指摹拟之物的神似，如绘画、雕刻等等。翁美玲本是真人，死后容颜未变，应该说“面貌如生”，而不是“栩栩如生”。又“锲而不舍”，语出《荀子·劝学》：“锲而不舍，金石可镂。”本指不断刻锲，引喻为坚持不懈。《知音》剧本叙蔡锷回答新闻记者万士同的话后说“万士同锲而不舍，寸步不离”；这明是紧跟在后的意思，和“锲而不舍”的成语完全搭不上。又“琳琅满目”一语，多以形容书画、工艺品及其他精美之物。北京某报的《城南新事》一文，却说：“还有那个照片上了报纸的桂香斋，那琳琅满目的酱菜，最适合北京人的口味啦。”酱菜品种虽多，也不能说“琳琅满目”。又“流连忘返”，谓耽于游乐而忘归，表示依恋不舍之意，多指景物处所。某报介绍密云白龙潭说：“在中间小庙中立一碑文明显的石碑，是明朝著名爱国将领戚继光所书，苍劲潇洒，使人流连忘返。”戚继光书法精妙，使人欣赏不置，不能以“流连忘返”来形容。所谓“碑文明显”，大约是指碑上的字迹还很清楚，用词措语，亦欠明确。又“明目张胆”一语，本指有胆有识，敢作敢为，勇往直前，无所畏避。如《晋书·王敦传》王导遗王含书：“今日之事，明目张胆为六军之首，宁忠臣而死，不无赖而生矣。”即属此义。可是后来多用作贬词，表示公然为恶，毫无顾忌之意，与原义迥殊。现在有人在会上发言，竟以“明目张胆”作为“光明正大”的同义语来用，说自己提意见一向“明目张胆”并不背人，即因忽略语义的古今之变而致误。另如“谈何容易”一语，本谓谈论并非易事，多指向君王进言之难。昔以“何容”连读，义犹“岂可”。《汉书·东方朔传》：“吴王曰：‘可以谈矣，寡人将竦意而览焉。’（非有）先生曰：‘於戏！可乎哉！可乎哉？谈何容易！’”后来以“容易”为一词，谓言易行难为“谈何容易”，和原义就差别很大。“不一而足”一语，源流义异，亦与此略同。因此使用成语，有的需要搞清源流。如“鞭长莫及”源出《左传》宣公十五年晋伯宗所说“虽鞭之长，不及马腹”一语。本谓鞭子虽长，也不该打到马肚子上，以喻不应抗楚救宋。后来以“鞭长莫及”表示力量达不到的意思，内容也有了变化。

编书撰文，不仅要正确理解词语的含义，而且有时必须通晓其文字训诂，不能只懂大意而忽略字面。如“虎视眈眈”一语，出《易经》颐卦：“颠颐吉，虎视眈眈，其欲逐逐，无咎。”“眈眈”是实词，形容“虎视”，颇为重要，不应无说。辞书释此，只云“如虎之雄视”，显然不足；或注“眈眈”为“注视的样子”，亦觉尚隔一层。按《说文解字》目部“眈”字注云：“眈，视近而志远。从目，冘声。《易》曰：虎视眈眈。”其“视近而志远”五字，含蕴甚深，颇为中肯。可见“眈眈”不仅状虎之威视凶狠之貌，而且刻画了其贪婪无厌、得寸进尺的神气，实在妙极！《说文解字》本为解经而撰，“视近而志远”是和《易经》的“其欲逐逐”一句相应的。辞书编辑，当采此意，以入解说，对《说文解字》应予足够的重视。高亨先生在《周易古经今注》卷二中说：“虎其视眈，其欲远，将求食以填颐也。以虎之雄威，自可得其大欲，故曰，‘虎视眈眈，其欲逐逐，无咎’。”（见重订本第238页，中华书局出版）这段话对了解颐卦原文和作为成语用的“虎视眈眈”，颇有帮助，不可不知。

“一往情深”一语，古今常用，出《世说新语·任诞》：“桓子野（伊）每闻清歌，辄唤‘奈何’！谢公（安）闻之曰：子野可谓一往有深情。”现代辞书收录此语，引证同上，但只解释为“寄情深远”或“感情很深”等等，于“一往”俱未加说明。按《世说新语》除桓子野闻歌一事外，还有四处用了“一往”。为了弄清词义，我把它们列举如下，作一番比较归纳研究：

① 文学篇：“王逸少（羲之）作会稽，初至，支道林（遁）在焉。孙兴公（绰）谓王曰：‘支道林拔新领异，胸怀所及乃自佳，卿欲见不？’王本自有一往隽气，殊

自轻之。”

又：“康僧渊初过江，未有知者，恒周旋市肆，乞索以自营。忽往殷渊源（浩）许，值盛有宾客。殷使坐，粗与寒温，遂及义理。语言辞旨，曾无愧色，领略粗举，一往参诣，由是知之。”

文学篇又记支道林、许询、谢安等聚集王濛家，共讲《庄子》的《渔父》一篇。谢使诸人先讲，然后“自叙其意作万余语，才峰秀逸，既自难干，加意气拟托，萧然自得，四坐莫不厌心。支谓谢曰：‘君一往奔诣，故復自佳耳’”。

② 尤悔篇：“庾公（亮）欲起周子南（邵），子南执辞愈固。庾每诣周，庾从南门入，周从后门出。庾尝一往奄至，周不及去，相对终日。”

“一往隽气”，奔放的隽气，凌厉无前的隽气。“参诣”，透彻通达。“领略粗举，一往参诣”，指康僧渊在大致举出纲领、要点之后，就畅谈义理，透彻通达，辞采不穷。“奔诣”，流畅无滞。“一往奔诣”，指谢安在讲渔父篇时，才藻纵横，流畅无滞。这里的三个“一往”，虽情致小有差别，但都是“一直”“自始至终”的意思。最后一个“一往”，语意尤其明显。庾亮因为屡次去访周子南，周总是从后门出走。避而不见，后来就不待通报，一直闯入，忽然而至。所以周子南来不及避走，只好相见。由此可证“一往有深情”的“一往”，也正是“一直”“从来”的意思。“每闻清歌，辄唤奈何”的“每”与“辄”二字相应，亦足以说“一往有深情”正是“一直有深情”“从来就多情”。辞书编辑，解释此语，应该说明“一往”即“一直”，“一往情深”即“一直情深”。这样，语意才算透彻。前见某报通讯，记一少女照顾孤苦无依的老妪，以“一往情深”为标题，实欠确切。因为少女与老妪素不相识，非亲非故，说不上什么“一往情深”。

成语有固定的含义和结构，不应随便拆改。如“刀光剑影”“玉碎珠沉”。刀剑、光影，所指实为一事；珠沉、玉碎，寓意亦同，都是文意两两相对的结构。近年电影片有名《刀光虎影》和《玉碎宫倾》的，显然为拆改上列两成语而来。但刀光和虎影，并无内容的联系；玉碎与宫倾，也对不到一起。如此拆改，实不高明。

由于不懂词义而写错或用错的，其例尚多。如误写“窜改”为“篡改”；误写“交代”为“交待”，即比较常见。按“窜”指删改文字，如《三国志·魏武帝纪》建安十六年："公又与（韩）遂书，多所点窜，如遂改定者。"点窜，即涂抹删改。"篡"，指非法夺取，如"篡位""篡权"，不能用代"窜"字。"交代"谓前后相接替，向人移交。《汉书·盖宽饶传》："及岁尽交代……卫卒数千人皆叩头自请，愿复留共更一年。"《后汉书·傅燮传》："初郡将范津明知人，举燮孝廉。及津为汉阳，与燮交代，合符而去。"两书所用"交代"一词，皆语意甚明。现在"交代政策""交代问题"之"交代"，亦就此义引申，误作"交待"，词义就无法解释。有的词典，在"交代"词目下，注"亦作交待"，将错就错，实不足取。又"垆"为酒店放置酒瓮、酒坛的土台；"当垆"，指卖酒。《史记·司马相如传》说"令文君当垆"，即系此义。某报通讯说开茶馆的老夫妇舍不得让他们的爱女"当垆"，而不知卖茶不能叫"当垆"。"垂青"指以青眼相看，乃重视、看得起之意。某报副刊谈起闻一多先生兼精篆刻，说因为闻先生"文名垂青"，于是求刻者众；而不知"垂青"何义，随意乱用，遂致谬以千里。此外，用词似是而非，生造词语，滥取方言，亦为通病。如电影《知音》剧本的一段话：

半晌，蔡老太太从纪念碑上摘下故人的佩剑，递给小凤仙："他身无长物，这柄佩剑给你留下，跟你的琴……"她泣不成声。

故人，多指朋友、旧交。即使表示"古人""死者"的意思，仍限于朋友。此例中的蔡老太太，为蔡锷的母亲，怎能称自己的儿子为故人？大约是剧本作者把这个词就照字面理解为"故去的人"，所以错了。又如"陆游痛别了唐琬"，"引起了刘博琴先生的馀韵"之类，措语亦谬。以"悲痛地分别"简为"痛别"，实不成话；不能因有"痛哭""痛饮"等词而类推生造。"引起馀韵"，原指引起发言的兴趣，因为作者不懂"馀韵"的含义，胡乱配搭，而辞不达意。

"配合默契"，为现在说球的习用语，经常听到。按"默契"一词，名词、动词两用。如说"两人早有默契"，指不须明言而意志互通，有一致的看法，这里的"默契"是名词。如说"默契于心"，指心领神会，不待解释，这里的"默契"是动词，后加补语。"配合默契"，是联合词组，还是动宾词组？以词义论，似乎都不合适。但说球既已用熟，似乎约定俗成，大家公认，也就不妨听之。可是这四个字又渐渐被搬到别处：

剧中李清照和赵明诚分别由李维康和耿其昌扮演。这两位年轻演员在台上配合默契，做工细腻，演唱酣畅淋漓。

“配合默契”，已由球场而剧场，影响似乎在扩大。其实这类配搭不当、语意欠酌的话，还是不宜推广的。又“爆满”一词，似出粤语，常见于香港报刊。前见北京某报，形容演出盛况，也在写“场场爆满”。我们既然提倡说以北京语为基础的普通话，对这类方言味较浓的词语，仍以不吸收为好。

读错字音，也往往是由于不懂词义。如“向往”是个常用词。亦作“乡往”“嚮往”，音义皆同，为心所趋向之意。《史记·孔子世家》：“虽不能至，而心乡往之。”是说对孔子的德行，中心趋向，自己虽不能做到，而敬羡无已。后来说“向往”，范围扩大，而原义未变。现在不知“向”字的趋向之意而误读“响往”，甚至把“向”就写成“响”的，到处有之。“向导”是方向的引导者，亦常被误读作“响导”。此外如读“编纂”的“纂”为“篡”（cuàn）；读“造诣”的“诣”为“旨”（zhǐ）的，亦数见不鲜。至于把“潜伏”的“潜”（qián）念成qiǎn，把“左倾”的“倾”（qīng）念成qǐng，把“危机”的“危”（wēi）念成wěi的，则似乎已成习惯，不以为非，很难纠正了。

从前影剧演员和电台播音员念错字的很少，后来渐渐不讲究正音，常有失误。例如“大腹便便”的“便便”，形容腹大，应读pián pián。1985年电视播放比赛啤酒肚的节目时，播音员即误读为biàn biàn。编辑审稿，应把其中读音有异的字预先指出。未能把关，任其读错，是编辑未能尽责，不能怪播音员。

上举各例，皆实事求是，并非过苛之论。由此可见，做编辑工作，应该学点训诂学，翻翻由《尔雅》《广雅》之类的训诂词典到当代的《辞源》《辞海》之类的辞书，结合今人关于训诂学的论著，研究一下古今释词的体例和词语的本义、引申义、转义、比喻义以及今昔语义的变迁等等，就不会误解乱用，词不达意，改稿、撰稿的水平，可以相应地提高。

三、音韵学的运用

音韵，亦称声韵。字音有韵有纽，发声叫“纽”（声母），收声叫“韵”（韵母）。两个字声母相同的，称为双声；两个字韵母相同的，称为叠韵。如“漂泊”两字的声母都是p，即为双声字；“萧条”的韵母都是iao，同在“萧”韵，即为叠韵字。用两个字拼出一个字的音，就叫反切，也单说“反”或“切”。如“东”字，德红切，即以德字的声母d和红字的韵母ōng拼出dōng音，再把字音按声调分成平、上、去、入叫作四声。除平声外，上、去、入都称仄声。如“东、董、冻、笃”就是平、上、去、入四声。不过，以北京话为基础现代汉语，已无入声，入声被分别归入了平、上、去三声之内，把“笃”字读成dǔ，念不出入声了。记得某相声演员曾说北京话的入声只剩下了一个字，就是赶大车时吆喝牲口的“得”字。虽为笑话，亦见京语之无入声。通行本《康熙字典》卷首列分别四声的七言绝句一首，言简意赅，可供参考：“平声平道莫低昂，上声高呼猛烈强，去声分明哀远道，入声短促急收藏。”平声字如“窗”“床”，声音舒长而响亮；上声字如“褚”“喘”，声音上扬而重浊；去声字如“寸”“措”，轻轻送出；入声字音节极短，甫发即收。如上举之吆喝牲口的“得”字，须念轻声，刚刚出口，急忙吞入。现代汉语既无入声，就只剩下阴平、阳平和上、去。阴平声平，阳平上挑，四声之辨，并不困难，如“衣、移、椅、意”“乡、详、响、象”只要随口念去就是了。

音韵学号称难学，有人认为是“天书”。做一个语文编辑，当然不可能也没有必要人人成为音韵学专家，因此对这方面不宜要求过高。知道声母、韵母的作用，能够别四声，分平仄，熟悉韵部，明白“反切”的道理，遇到旧辞书上的反切，可以拼出读音，具备一般的常识，也就行了。比如一见“德红切”，立刻念出“东”音，则翻检辞书以查字音，即无困难。稍进一步，了解古今音异，以便于读古诗，审音辨韵；掌握诗词格律，以便于作诗填词，谐调平仄，皆为实用所必需。例如《诗经·邶风·击鼓》：“爰居爰处，爰丧其马。于以求之，于林之下。”古音“马”读如“姥”，“下”读如“虎”；“马”和“下”同为韵脚。又唐人金昌绪《春怨》诗：“打起黄莺儿，莫教枝上啼。啼时惊妾梦，不得到辽西。”“儿”古音读“倪”，与“啼”“西”同为韵脚。不知古今音异，就无法理解这些诗怎样押韵。

汉代以后，文士或不懂古音，读《诗经》觉得字不押韵，就随意转读，以求合于韵脚，叫作“叶（xié）音”（六朝人呼为“协句”），而不知押韵之字，原为本音。清李汝珍《镜花缘》第十七回《因字声粗谈切韵》一节，记多九公在黑齿国与紫衣女谈论切音的对话，很有意思，录之如下：

多九公道：“适因才女谈论切音，老夫偶然想起《毛诗》的句子，总是叶着音韵。如‘爰居爰处’为何次句却用‘爰丧其马’，末句又是‘于林之下’？‘处’与‘马’‘下’二字，岂非声音不同，另有假借处？”紫衣女子道："古人读'马'为'姥'，读'下'为'虎'，与'处'字声音，本归一律，如何不同？即如'吉日庚午，既差我马'，岂非以'马'为'姥'？'率西水浒，至于岐下'，岂非以'下'为'虎'？韵书始兴晋朝，秦汉以前，并无韵书。诸如'下'字读'虎'，'马'字读'姥'，古人口音，原是如此，并非另有假借。如'风'字，《毛诗》读作'分'字，'服'字读作'迫'字，共十余处，总是如此。若说假借，不应处处都是假借，倒把本音置之不问，断无此理。"

多九公所谓"假借"，即指改读以叶音。李汝珍借紫衣女之口，驳斥了这种谬论，指出《诗经》中多处用韵相同，正是本音，并非假借，道理透彻，足破叶音之说，可算讲音韵学的一段形象化的材料。

区分平仄，掌握诗词格律，除去要有一些理论基础之外，最好是多读古人格律诗佳作，以积累感性知识，提高鉴别声韵的能力。"熟读唐诗三百首，不会吟诗也会吟"，正可说明作感性积累的重要。这里试以唐杜甫、宋陆游的七律各一首，标注平仄如下：

唐杜甫《小至》　　十灰韵

天时人事日相催，冬至阳生春又来。

— — — | | — —　— | — — — | —

刺绣五文添弱线，吹葭六琯动飞灰。

| | | — — | —　— — | | | — —

岸容待腊将舒柳，山意冲寒欲放梅。

| — | | — — |　— | — — | | —

雪物不殊乡国异，教儿且覆掌中杯。

— | | — — | |　| — | | | — —

宋陆游《游山西村》　十三元韵

莫笑农家腊酒浑，丰年留客足鸡豚。

| | — — | | —　— — — | | — —

山重水复疑无路，柳暗花明又一村。

— — | | — — |　| | — — | | —

箫鼓追随春社近，衣冠简朴古风存。

— | — — — | |　— — | | | — —

从今若许闲乘月，拄杖无时夜叩门。

— — | | — — |　| | — — | | —

这两首诗，上一首开头两字平声，称为平起；下一首开头两字仄声，叫作仄起。“·”表示韵脚，“–”“|”表示平仄。据此反复吟诵，以体会内容，熟习格律，久之则平仄可辨，韵部自熟。作格律诗，韵字俯拾即是，不必更查韵书。以读诗来审音辨韵，提高文学修养，真可谓“一举而数利兼焉”，不妨广选名篇，勤加摩揣也。

近年报刊以类似旧诗的七字句作标题的甚多，但佳者极少，往往平仄不调，念起来很不顺口。如《阵阵鼓声叙离情》七字是仄仄仄平仄平平；《鱼水深情谱新篇》和《芳草萋萋畜禽多》七字，都是平仄平平仄平平；《妙舞婆娑春长在》七字是仄仄平平平仄仄；声音俱不和谐。其实只要把前两字和后两字对倒一下，改为《鼓声阵阵叙离情》《深情鱼水谱新篇》《萋萋芳草畜禽多》《婆娑妙舞春长在》，即合于一句近体诗的平仄，较有韵致了。现在还有人于近体诗的格律平仄，一无所知，却以为作旧诗非常容易，随便凑上七言四句、八句，就自题为“七绝”“七律”，公开发表。这样的诗所以能见于报刊，恐怕主要是由于编辑对此道也不在行，不能起把关的作用。

其实不只诗词讲究音韵，写文章也得注意声调的变化。按《宋书·谢灵运传》史臣曰：

欲使宫羽相变，低昂舛节，若前有浮声，则后须切响。一简之内，音韵尽殊；两句之中，轻重悉异。妙达此旨，始可言文。

这段话非常清楚地说明了调整转换文章前后音节的重要性。作骈文，固然要于此显出功力；写散文，同样不能忽略这一点。如本书第二章谈到的《滕王阁序》，其句法和声音的变化，构成了悦耳的音乐性，久已为大家所共赏。像宋王安石的《读孟尝君传》，以短短的八十九个字，在节奏上有高低起伏、抑扬顿挫之妙，亦足以表现作者的造诣不同寻常。所以这两篇文章读起来全都洪细错综，铿锵有力。如果体会及此，结合近体诗的格律，仔细研究，那么，写个七字句的标题，使它平仄谐调，自然信手拈来，无须费事了。

不过，虽然懂得字音的阴阳平仄，知道谐调作品前后音节的一些原则，但临文之际就还得看个人的学识修养如何，是否能综观整体，灵活运用。比如作对联，上下联句法（词类相当，结构相应）必须一致，平仄必须相对。上联用平声字的地方，下联即要以仄声字相对。这是一般的规律。有人撰联，能严格遵守规律，平仄相对，几乎字字无讹，可是读起来，却不显声音之美，无洪细错综之致。试以下列一联为例，标注平仄，来看一下：

揽三晋溪山，奔腾眼底，合归我柏翠松青，
仄平仄平平，平平仄仄，仄平仄仄仄平平，
花香鸟语。
平平仄仄。
容九州风物，荡漾胸中，一任他天空海阔，
平仄平平仄，仄仄平平，仄仄平平平仄仄，
鱼跃鸢飞。
平仄平平。

这副对联作得很好，按照格律诗的“一三五不论，二四六分明”的原则，对联的第一三五字，可以不拘平仄；此联的平仄，也基本合乎要求。惟上联“奔腾眼底”与“花香鸟语”的“底”和“语”两字，均属上声，音亦相近，遂觉沉闷而单调，以致下联与之相应的节奏，亦难振起为通畅洪亮之音。其实把上下联稍加调整，即能改观：

九州风物，荡漾胸中，一任他海阔天空，

仄平平仄，仄仄平平，仄仄平仄仄平平，
鸢飞鱼跃。
平平平仄。
三晋溪山，奔腾眼底，合归我松青柏翠，
平仄平平，平平仄仄，仄平仄平平仄仄，
鸟语花香。
仄仄平平。

这样以下联为上联，删去“揽”“容”两字，颠倒一下“柏翠松青”“花香鸟语”“天空海阔”“鱼跃鸢飞”四句的词语顺序，仍与原作的文意无违而音节抑扬可诵矣。

第二节　语法修辞学的运用

无论做哪一专业的编辑，学一点语法修辞，都有好处。因为平时遇到的病句，往往要根据语法修辞的常识来进行分析，才能讲清毛病，说明道理。语法，讲的是用词造句的规律；修辞，讲的是修饰词语，增强表达效果的技巧；二者的关系，有分有合，常是相辅相成，密不可分的。《文心雕龙·章句》云：

夫人之立言，因字而生句，积句而为章，积章而成篇。篇之彪炳，章无疵也；章之明靡，句无玷也；句之清英，字不妄也。振本而末从，知一而万毕矣。

这段话指出了用词造句的重要性。盖句以词立，篇用章成，词句能工，篇章始健。忽视用词造句之精当，而欲表达通畅，文意相合，好似南辕北辙，事与愿违，必出差错。从语法方面说，常见的病句，一般是主语和谓语不相应；动词和宾语不相应；主语和判断词“是”后面的表语不相应；修饰语和被修饰的词语不相应；句子结构不完整和上下文主语不一致等等。试看下例：

① 这些人物的事迹比较困难。

② 他提前完成了生产进度。

③《祝福》中的鲁四老爷是封建社会中的典型事例。

④ 亚瑟王便将身经百战的宝剑投回湖中。

⑤ 他走在路上，一边愉快的唱着。

⑥ 当她谈到她的丈夫给地主做长工累死了，只好用一领破旧的炕席把他埋了。

⑦ 看了这篇文章以后，对我的帮助很大。

第一例的主语是“这些人物的事迹”，谓语是“比较困难”。事迹有什么困难可言？是说“搜辑”困难呢，还是“记叙”困难？不得而知。主谓既不相应，意思也很含混，使人无法了解。第二例的主语是“他”，主要动词是“完成”，宾语是“生产进度”。实际他提前完成的是“生产任务”，而非“生产进度”。进度只有快慢之分，如何完成？这句话动词和宾语不相应，反映了说者的思维不周密。第三例主语为“鲁四老爷”，判断词“是”后面的“典型事例”，叫作“表语”。主语和宾语，是两回事；主语和表语，则所指为同一人物或事件，是一回事。此例中的“鲁四老爷”，是一个人，怎能成为“典型事例”？这个表语就和主语不一致，应该改为“典型人物”。第四例的“身经百战”只能指人，以结构论，在这里成了“宝剑”的定语，显然失当，也可能并非作者的原意。第五例“他走在路上，一边愉快地唱着”，只有一个“一边”，语意和结构都不完整，应该改为“他一边走，一边唱”。因为用“一边”，皆以表示两种动作同时进行，不能缺一。第六例字数不少，而结构欠缺。因为最前有一个“当”字，最后就必须加上“的时候”，才成为一个表示时间的介词结构，否则即连半句话也不够。第七例“看了这篇文章”的应该是说话人主语“我”，可是下面“对我帮助很大”的却又是“这篇文章”，上下句主语不一，结构混乱，亦为通病。以上所说，不过粗举大概，很不全面，这里再从当前报刊上摘录一些例句，谈谈语法修辞方面的问题：

① 素有“宝石之王”的金刚石，是一种纯碳素结晶体。

②“林黛玉是怎样死的？”这将是中国文学史以至世界文学史上的一个永远的问题，也是一个永远的缺陷。

③ 彭丽媛的歌唱生涯，只有七年，但她那秀美明亮的声音却赢得了越来越多的观众的喜爱……

④ 香港的广告量及其制作水平是较为发达的。

⑤ 在三单元王洪展讲师家里，亭亭玉立着一位愿意当保姆的姑娘。

⑥ 今年五月二十三日，陈仁金等四人已受到法律制裁，分别被判处有期徒刑十二年至五年。

⑦《蛇节》：印度每年八月要庆祝眼镜蛇节。每当这个时候，蛇被捕来受到崇拜、溺爱和亲吻。

⑧ 众人都惊异地赞许老厨师，一句话化“干戈”为“太平”。……留言簿上的溢美之辞，记下了顾客们的

美好心迹和热望……还有位常客，请书法家写了条幅，送给李自珍：“暮年余热暖千旅，长寿亮节映霞蔚。”

⑨ 纪晓岚晚年写了一部记述狐仙鬼怪故事的小说《阅微草堂笔记》，而今纪氏已殁，草堂犹存，它就是座落在和平门外虎坊桥的晋阳饭庄的建筑。

⑩ 这家伙果然狡猾，当他见到巨款后，贪欲之心促进他跟踪作案……连闯广州、郑州和列车上几次盘查的关口，自以为万无一失，没想终究不能漏网，在家门口就范。

第一例“素有宝石之王”后面，应加“之称”二字，语意和结构才算完整。第二例以“永远”作为“问题”和“缺陷”的定语，“永远”后面没有动词，不成一句话。改为“永远存在的问题”或“永远不能解决的问题”，“永远无法弥补的缺陷”，就讲得通了。第三例的“秀美”“明亮”，皆指形态，不能形容歌声，改用“甜美”“嘹亮”之类的词来作“声音”的定语，始为恰当。第四例的“香港的广告量及其制作水平”是这句话的联合主语，谓语“发达”和这两个主语都不相应。“广告量”有多有少，“制作水平”有高有低，全不能说“发达”。分别指出“香港的广告量多，制作水平也较高”，意思就清楚了。第五例的“亭亭玉立”，为形容女性身长秀美、体态苗条的成语，这里在后面加“着”，用作正在进行的动词，从语法修辞两方面讲，皆属失当。第六例的“分别被判处有期徒刑十二年至五年”，说法显然是颠倒了轻重。因为这一格式的“至”字后面，表示递进关系，数目应该是由少到多。越来越少，还用什么“至”？改为“分别被判处有期徒刑五年至十二年”，才合道理。第七例的“受到”这一动词后面的三个宾语“崇拜、溺爱和亲吻”，除“亲吻”为实际动作外，“崇拜”和“溺爱”，词义皆虚。“崇拜”为“尊敬钦佩，以为学习目标”之意；“溺爱”为“过分宠爱”之意，多指父母之于子女；皆不适用于蛇。如此并列，可见作者对“崇拜”“溺爱”两词含义，俱不理解。第八例摘自某报的一篇报导，叙述一位老厨师，名叫李自珍，他每天在饭馆，除去掌勺做菜之外，还注意饭厅的动静，有顾客争吵，立即出来调解，曾把两个要打架的小伙子，劝得安定下来，未出事故。例句中的“化干戈为太平”，应说“化干戈为玉帛”，成语不宜改动；“溢美之辞”的“溢美”，指赞美过头，不合实际，语含贬义，这里亦不适用。“暮年余热暖千旅，长寿亮节映霞蔚”两句话中的词语，也多欠妥当。“千旅”大概是指成千上万的顾客，缩成“千旅”，就很费解，而且来这里吃饭的，不一定都是旅客。“亮节”指高尚的节操，多与“高风”齐举，称“高风亮节”，和“长寿”并列，似觉不伦。老厨师热心服务，注意维持店堂秩序，赞为“亮节”，未免大词小用，不切实际。第九例提到的纪晓岚（昀），为清乾隆间的大学者，曾任《四库全书》总纂。今人报导，竟说“而今纪氏已殁，草堂犹存”，其中“而今”二字用得不妥，好像乾隆时的纪晓岚才死不久；晋阳饭庄的房屋，是民国初年所建，也并不等于当初的阅微草堂，不过此地是纪氏草堂的故址而已，不能算“建筑”；“坐落”是个很普通的词，亦不应误写“座落”。如此简单的几句话，说得疏舛数见，实欠斟酌。第十例的“就范”一词，本为“听从支配、控制”或“任凭纳入范围”之意。如“敛才就范”，指把横溢的才华，加以约束，使之有所遵循而运用，并无贬义。此例所说“在家门口就范”，竟以“就范”为“被捕”的同义词，亦属误解乱用。

上述各种类型的病例，几乎每天都可以从各地报刊上摘录若干，可见不讲语法修辞，对自己不懂或理解不透的词语，胡乱配搭，似乎已成通病。而各种病句的产生，又往往和思维混乱、不合逻辑有关。因此学习语法修辞，即很必要。不过无须钻研什么高深的理论，也不必看讲得太烦琐的语法书，只要掌握基本知识，能够区别词类，分辨句型，熟习词语配搭的各种原则，注意用词造句的逻辑性，不致写出不通的句子，也就行了。如果结合着再学一点逻辑学，效果更好。

修饰词语，表达意义，古今所见，方式均多。如比喻、借代、夸张、拟人、对偶、排比以至用典、省略等等，可以随文而异、运用由心。《文心雕龙》和《史通》两部书，皆多论及修辞，时有精解。如《文心雕龙》之于比兴、夸饰，阐述既明，举例亦当，兹摘录其《夸饰》篇数语如下：

> 故自天地以降，豫入声貌，文辞所被，夸饰恒存。虽《诗》《书》雅言，风格训世，事必宜广，文亦过焉。是以言峻则嵩高极天，论狭则河不容舠，说多则子孙千亿，称少则民靡孑遗，襄陵举滔天之目，倒戈立漂杵之论，辞虽已甚，其义无害也。

这段文中的前四例，均引自《诗经》的“嵩高维岳，骏极于天”，见《大雅·嵩高》，谓四岳之山高大，上至于天；“谁谓河广，曾不容刀”，见《卫风·河广》（刀，同“舠”，小船），极言河之狭窄，不能容纳小船；“干禄百福，子孙千亿”，见《大雅·假乐》，十万曰亿，千亿，亦极言其多；“周余黎民，靡有孑遗”，见《大雅·云汉》，谓周之黎民，无有残存，都是夸张的说法。后两例均引自《尚书》的“汤汤洪水方割，荡荡怀山襄陵，浩浩滔天”，见《尚书·尧典》，言洪水包围山陵，大若漫天；“罔有敌于我师，前徒倒戈，攻于后以北，血流漂杵”，见《尚书·武成》，谓战争激烈，血流至漂起舂杵；也俱为过甚之辞。《文心雕龙》以此为例，说明虽《诗》《书》雅言，不废夸饰，可见修辞在增强语言表达效果方面的作用，不能忽视。至于一般诗文词曲以及小说笔记中的修辞说法，方式更多，非一般修辞常格所能包括。如《古今杂剧》明缺名《吴起挂帅》四：“吴起着我打听秦兵去，谁想正撞着秦兵，把我一阵杀的不亦乐乎，跑将来了。”按“不亦乐乎”四字，本出《论语·学而》：“有朋自远方来，不亦乐乎！”原为欣悦高兴之意，吴剧用以形容战败的狼狈相，语带诙谐，显出了说话人的幽默感，正属修辞的一种灵活表现。修订本《辞源》把“不亦乐乎”作为词目列入，引了上面的书证，指明出处，正是因为它已成为表示极度、非常、淋漓尽致的意思的熟语，有颇具风趣的修辞作用。

学习语法修辞，除去看一些理论性的专书外，还应多从古今名著中，体会其造句修辞之妙，以印证理论，加深感受，积累生动的形象，以收熏陶渐染之功。近代名家的散文，鲁迅精炼老辣，朱自清婉约清新，叶圣陶简洁严谨，丰子恺流畅自然，俱属功深养到，一片神行，仔细研究体会，足悟撰文表意之理，收获当不仅限于语法修辞的词语章句之间。例如子恺先生在《辞缘缘堂》一文中谈及抗日战争时，一个妇人抱着婴儿正在哺乳，忽被日本人的炸弹片削去了头颅。在一瞬间，她仍危坐不倒，婴儿也依旧哺乳。另外，一个猎人，见大熊坐在涧边，就向之连发数枪，均中要害，而大熊不倒。原来大熊用爪抓住一块大石，恐怕爪松石落，砸死在下面饮水的三只小熊，直到猎人把大石搬开，熊尸方才倒下。因此作者慨叹："禽兽尚且如此，何况於人。"文中以"她"代"它"，以"手"代"爪"来称熊，即表示熊已变人。作者子恺先生是把妇人和大熊的至诚母爱等量齐观的。"她"和"手"这两个拟人之词，不仅显示了浓厚感情色彩，也见出作者的博爱襟怀，可见修辞之效。各种古籍文字，可为修辞模楷的，亦所在多有。如《左传》僖公三十三年记郑国的商人弦高，要到周地去做买卖，中途遇到秦国的军队正悄悄前来，想偷袭郑国。弦高很机警，一见便知究竟，就用四张熟皮子和十二头牛做给秦军的礼物，对秦国元帅说："寡君闻吾子将步师出于敝邑，敢犒从者。不腆敝邑，为从者之淹，居则具一日之积，行则备一夕之卫。"这一段话，语妙无伦，说得真好！他不能揭穿秦军的来意，是乘隙偷袭，而说"步师""出于"，乃行军经过这里。暗示我们国君已先知此事，故送礼犒劳军队。你们要停下来呢，我们就供给军需物资，支应粮草；要走呢，我们就做好保卫工作。这样含蓄而委婉地提出警告，有软有硬，真乃辞令高手！如此一来，秦帅认为郑国早有防备，就退军而去了。这位爱国商人以片言却敌，足见修辞的重要。又南朝宋临川王刘义庆的《世说新语》，记魏晋名士的言行，隽语亦多。如《言语》篇记晋武帝送给山涛的食品，总是很少，谢安问子侄对此如何解释，谢玄回答说："当由欲者不多，而使与者忘少。"因为受物者一向不贪多，所以赠与者也就忘了给的少了。这个回答，说得两面俱到，谁也不得罪，十分得体，实为思维敏锐，善于应对的反映，非只语言之妙。因此，我们学习修辞，不应仅以比喻、借代、排比、重复等一些常用手法为限，还须从整个篇章结构着眼，广泛借鉴，综合取长。

有人认为文字训诂音韵和语法修辞等等，只是做语文或文史编辑的人学了有用；通过前面例句的分析，亦足证其不然。因为这些病句，都见于一般的报刊，并非皆出语文、文史编辑之手。而且学文史的，往往在这些方面都有一些基础，倒是做科技或其他方面编辑的，可能于此缺乏常识，应该设法补补课，以提高造句用词的表达能力。文字训诂和音韵之学，有悠久的文化传统，每个中国人都应该懂得一些，以利于阅读与写作；语法修辞，亦为实用必需，合兹二者，为编辑语文修养的一个重要组成部分。我所以论述及此，是希望所有的编辑同志，不拘专业为何，都能把这些常识运用到实际工作中去，成为正确使用语言文字的典范。

第三节　目录版本和校勘学的运用

目录、版本和校勘之学，关系密切，常常并称，但相对说来，各为一事。目录是按次序、分类别编排以供查考的图书或篇章的名称。“目”本专指书籍的篇章名目；“录”指“叙录”，即书籍的内容解题、提要之类。版本的“版”，本指刻有文字以印书的木板；“本”指手抄的书。自刻版通行以后，“版本”遂为不同刻本的通称。校勘，指对书籍不同版本原文之正误真伪或完整残缺，进行比较审定。研究书籍的目录、版本和校勘，都是专门的学问。

整理、校勘图书，予以分类编目，始于汉成帝时的刘向。刘向于所校定之书，皆详列篇目，以备考查存佚；并撰写叙录，述要辨伪，载在本书。又把叙录汇辑在一起，单本别行，叫作《别录》。刘向子刘歆，继承父业，据《别录》加以剪裁，著为《七略》：《辑略》《六艺略》《诸子略》《诗赋略》《兵书略》《术数略》《方技略》；共分古籍为六类，各有说明。《辑略》为另编之总目提要，列在最前。《别录》《七略》，书均早亡（佚文散见诸书，清儒曾有辑本）。东汉班固的《汉书·艺文志》，即照《七略》编成，并将《辑略》中语，散入各家之后，以辨流别。如其小说家类，后面注云：

> 小说家者流，盖出於稗官，街谈巷语，道听途说者之所造也。孔子曰："虽小道，必有可观者焉，致远恐泥，是以君子弗为也。"然亦弗灭也。闾里小知者之所及，亦使缀而不忘。如或一言可采，此亦刍荛狂夫之议也。

这一段为讲古小说的人经常引用的话，当即出于《辑略》，班固在《汉书·艺文志》序末，本已明言"今删其要，以备篇籍"的。其后的目录书，分为三类：如宋晁公武的《郡斋读书志》、陈振孙的《直斋书录解题》、清人的《四库全书总目》等，于部类之后有小序，每书之下有解题，犹依《别录》《七略》之例，为第一类；如《汉书·艺文志》《隋书·经籍志》等，皆删繁就简，仅有小序而无解题，为第二类；如《新唐书》《宋史》《明史》等的《艺文志》，俱并无小序、解题，只列书名与作者，为第三类。于是，虽无篇目，无小序、解题的书目，都泛称目录。但小序、解题之叙述学术源流，介绍本书内容，评价作者得失，有提纲挈领、指示阅读门径的作用，实极重要；故应以有提要之第一类目录为上乘。近人余嘉锡在所著《目录学发微》中，于此论说甚详，兹不多述。

现存的史志目录，始于《汉书·艺文志》，嗣为《隋书·经籍志》《旧唐书·经籍志》；其后《新唐书》《宋史》《明史》及《清史稿》，俱称《艺文志》，共为七种。此外，官修书目之著名的，如宋代的《崇文总目》（已佚，有辑本），明代的《文渊阁书目》，清代的《天禄琳琅书目》《四库全书总目》等；私家书目之著名的，如前面提到的《郡斋读书志》《直斋书录解题》和宋尤袤《遂初堂书目》，明高儒《百川书志》，清钱谦益《绛云楼书目》，黄虞稷《千顷堂书目》，钱曾《也是园藏书目》，徐乾学《传是楼书目》等，都有考证历代文献概况的作用。宋郑樵《通志》内《艺文略》、元马端临《文献通考》内的《经籍考》，亦为研究目录学的重要材料。《四库全书总目》著录最广，每书皆撰提要，各部类俱有总序、小序，实为阅读古籍入门之书。清末张之洞撰《书目答问》，分类介绍各种主要著作，有意为初学者指点治学的途径，也不同于一般的书目。至于近世和当代，由于时势的发展，文教的昌明，古籍的发掘、整理，既已超越前人；新学的论述、研讨，亦复出版日众；故各种书目的编撰，日见其多，指不胜屈。如余嘉锡的《四库提要辨证》，纠《四库全书总目提要》之疏失，即有很高的学术价值。

刻版印书，始于唐而盛于宋，其后金元明清，各有不同形式的刻本，官刻、私刻，品种甚多。如各朝刻于国子监者，称“监本”；刻于书坊者，称“坊本”；刻于私家者，称“宅塾本”；清代刻于武英殿修书处者，称“殿本”；同治、光绪间各地官书局刻者，称“局本”。自宋仁宗庆历中毕昇创为活字版，已较刻木简易。至晚清传石印、影印之法，而印书益便。但以刻木版印书，作为一个传统的品种，由清末到解放前，并未断绝。由于各种版本的书籍所据底本，时有不同，内容文字，不免歧异；研究各家书目和古籍刻印源流以及校勘其文字异同的目录、版本、校勘之学，遂由是以兴。

校勘，本称校雠或雠校。《文选》晋左太冲（思）《魏都赋》的“雠校篆籀，篇章毕觌”李善注引《风俗通》曰：“案刘向《别录》，雠校，一人读书，校其上下，得谬误为校；一人持本，一人读书，若怨家相对。”故称校雠。后人不愿用“雠”字，遂称校对、校勘。晋葛洪《抱朴子·遐览》篇云：“书三写，鱼成鲁，虚成虎。”乃专指错字而言，实际校勘，并不只限于个别文字，于各书之错乱脱简等等，据诸本之异同，以求恢复其本来面目，也是一个重要方面。清洪亮吉《北江诗话》卷三云：

藏书家有数等：得一书必推求本源，是正缺失，是谓考订家。如钱大昕、戴震诸人是也。次则辨其版片，注其错伪，是谓校雠家。如卢文绍、翁方纲诸人是也。次则搜采异本，上则补石室金匮之遗亡，下可备通人博士之浏览，是谓收藏家。如鄞县范氏之天一阁、钱塘吴氏之瓶花斋、昆山徐氏之传是楼诸家是也。次则第其精本，独嗜宋刻，作者之旨意，纵未尽窥，而刻书之年月，最所深悉，是谓赏鉴家。如吴门黄丕烈、乌镇鲍廷情诸人是也。又次则于旧家中落者，贱售其所藏；富室嗜书者，最求其善价。眼别真赝，心知古今，一不得欺。宋椠、元椠，见而即识，是谓掠贩家。如吴门之钱景开、陶玉楼，湖州之施汉英，诸书贾是也。

这段话，分析恰当，十分精彩。前两家考订、校勘，关乎目录、版本的学问。其他或富收藏，或精赏鉴，也都有功于文化。即被呼为“掠败家”的诸书贾，亦皆见多识广，眼力惊人，真有特长。现在我们当编辑，不可能，也没有必要做其中的哪一家，但结合自己的需要，把目录、版本和校勘之学运用到实际工作中去，却为每个人所应有的基本功。目录书，为我们指示治学的途径，提供寻找材料的线索，尤应首先熟悉，随时翻检。如《汉书·艺文志》著录自《史籀》至杜林《苍颉》凡小学十家，四十五篇，再查一下《隋书·经籍志》的小学类，则从《三苍》至《一字石经公羊传》，著录一百零八部四百四十七卷。通计亡书，合一百三十五部五百六十九卷，显示了字书发展演变的轨迹，后附小序以述源流，亦足供参考，可见目录书在学术研究方面的作用。另外，对一些常用书有几种主要版本，也应该大致了解。如《二十四史》，通行的有清代的殿本，商务印书馆的百衲本，中华书局的校点本。公元1934年开明书店，曾据殿本《二十四史》加上近人柯劭忞的《新元史》，缩印为九册，称《二十五史》，殿本《二十四史》多以明监本和汲古阁本为底本，又经许多学者校勘，并附考证，致力甚勤，而疏漏、错误仍然不少，且多故意窜改古史之处。公元1958年商务印书馆出版了百衲本《二十四史》，据宋元明最早善本缩印，主要是用以揭发清代殿本的故意窜改之处，恢复原书的本来面目。以缀辑诸本而成，有如衲衣，故称百衲本。其缺点正如郑振铎在本书序言中所说："象因底本模糊，间有描润致误之处，或底本残破，用他本填补，而没有注明白底本和他本的补缺的所在等，颇减低了些严肃的科学的可靠性。"其后中华书局的校点本《二十四史》，陆续印行，广聘专家，据各种善本校勘，且加新式标点，阅读最便，可谓后出转精。惜断句时有可商，前言未能尽善；多批判而少论述，是其中少数几部史书前言的通病。

知道上述诸书的短长，不是为了做什么专门研究，而是为的在阅读遇有疑义时，用来对照文字，以定去取。如清钱大昕谓《后汉书·郭太传》的"初太始至南州"以下的七十四字，本章怀注引谢承《后汉书》之文，今误作大字，溷入正文（见《十驾斋养新录》卷九《后汉书注搀入正文》）。查一下殿本的《后汉书·郭太传》，果然在"其奖拔士人，皆如所鉴"下，"后之好事"一句前，误入了七十四字：

> 初，太始至南州，过袁奉高，不宿而去，从叔度累日不去。或以问太，太曰："奉高之器，譬之泛滥，虽清而易挹。叔度之器，汪汪若千顷之陂，澄之不清，挠之不浊，不可量也。"已而果然。太以是名闻天下。

钱大昕指出这一段话，已见本书《黄宪传》，毋庸重出；且此传前后皆称林宗字，不应忽而称名；可见由内容体例方面说，这七十四字亦自可疑。我查了一下百衲本和中华校点本，此段均在注内；中华本正文与注文分排，眉目尤其清楚；实只殿本错误。其中“挠之不浊”的“挠”字，百衲、中华两本和《世说新语·德行》篇，均作“擾”。据文义看，亦以作“挠”为是。足征版本校勘之学之不可废。

校勘常用的方法，除去如上例之以一部书的两种（或更多几种）本子对校以正误外；还可以根据其他书籍所述同一内容，辨其文字之同异，择善而从。如清王念孙《读书杂志》——《战国策第一》秦策的“今者”一条：

> 范睢至秦，王庭迎，谓范睢曰：寡人宜以身受令久矣。今者义渠之事急，寡人日自请太后。今义渠之之事已，寡人乃得以身受命。
>
> 念孙案：既云今义渠之事已，则上文义渠之事急二句，乃追叙之词，不得言今者。《史记·范睢传》作“会义渠之事急”，是也。言适会义渠之事急，故寡人不得以身受命耳。“今者”二字，即一“会”字之讹。

王念孙根据这段话的上下文义，觉得前后两见“今”字，于理不通，用《史记·范雎传》所述此事核对，弄清上句的“今者”，乃一个“会”字之讹，校正了《战国策》的错误。证据确实，方法是可取的。其他如清钱大昕之撰《二十一史考异》、王鸣盛之撰《十七史商榷》，广泛征引他书以证本书之误，或就本书之前后矛盾以定是非，就非博览多通，熟悉史事，不能见功；段玉裁作《说文解字注》，订正了说解的许多疏舛，也由于他对《说文解字》的说解义例，深为了解，才能做到。这两种校勘方法，虽然一般人不一定学得来，却可以给人不少启发。清卢文弨作《群书拾补》，为古籍订讹补佚，涉猎亦广。如其“集部”的《林和靖集》，录林逋的《孤山雪中写望》五律一首：

> 片山兼水绕，晴雪复漫漫。一径何人到，中林尽日看。远分樵载（昨盖切）重，斜压苇丛乾。楼阁严城寺，疏钟动晚寒。

此诗不见于通行的《林和靖集》，卢文弨是见到高士奇《江村消夏录》著录的林逋手书真迹而抄出以备补入的。

校勘古籍，于需要订正之处加以说明，叫作“出校”，亦称“写校记”。指出书中文句的正误和订正的根据等等。清阮元撰《十三经注疏校勘记》，对应校订的文字，不作改正，而加△于旁，“出校”于后。如《毛诗正义》的《小雅·天保》的“如冈如陵”一句，《毛传》：“大陵曰阜”，“陵”字旁有△，其后的“校记”云：

> 大陵曰阜　小字本、相台本，“陵”作“陆”。闽本、明监本、毛本同。案：“陆”字是也。

阮元根据几种版本，断定“陵”应作“陆”，“出校”说明，不改原文。也有改了原文而加说明的，如张文虎校《史记》，即对所改或有疑之处，在其校勘札记中交代，亦为一法。中华书局校点本《史记》，于应删之字，加上圆括弧，用小一号字排；于应增之字，即予增入，加上方括弧；以便识别，办法也很好。这部书的《点校后记》，是可供研究校勘的人参考的。至于阅读单行的孤本，发现疑误，无书可校，就只好靠自己的常识来判断是非。例如近年北京古籍出版社印行的近人崇彝所撰《道咸以来朝野杂记》，是用繁体字排的，仅此一本，文字遂无可核对。偶然翻看，其中一条云：“果勒敏，字杏岑，博尔济吉特氏。”果勒敏，应作“果尔敏”。此人工书法，而名气不大，知者较少。我家曾藏其所书团扇一柄，字作赵体，甚为秀润。故一见“果勒敏”三字，即知必为“果尔敏”。大约底稿“尔”字字迹草草，把左右两点连在一起，向下一勾，乃与“勒”字形近，而致排校错误。又一条云：

> 御门大典，自同治初两后垂帘，此典遂废。当年每月逢五、十两日，皇上出至乾清门门罩之下，居中而立，所谓当寧也。

这条中的“当寧”，应作“当宁”。宁，音zhù，指古代宫室的屏门之间，是帝王视朝时站立之处。当宁，指帝王在此接受诸侯臣下的朝见，是一种典礼。现在以“宁”作“寧”的简体字，了解“宁”字原来音义的遂少，什么叫“当宁”，也就只有研究文史的人知道。所以“当宁”的“宁”，即被认为“寧”的简体字，而改成“寧”，以致音义皆误。这是编辑所改，或抄写排校之误，不得而知。又，叶（音xié）韵的“叶”，今被当作树葉的“葉”的简体字，两字音义亦以此混淆，若以“叶韵”为“葉韵”，可谓谬以千里。这类繁简之纷，也增加了后人校勘古籍的困难。因此，我说做编辑工作，必须有坚实的语文基础，不只查书目、考版本和校勘文字，是要有多方面的常识的。

第四章　编辑与工具书

小　引

我们常说的工具书，指字典、词典、韵书、类书、年表、图谱、索引等等。目录，本也包括在内，因为我在上一章，已与版本、校勘之学，作为专题，一齐论及，这里即不再列入。实际不仅研究目录、版本与校勘，成为一种专门的学问；即查检其他各类工具书，也是一种学问，没有一定的常识基础，就难以掌握熟练，运用自如。

读书重在有恒，知识出于积累，学问离不开记忆。过目即忘，等于未尝阅读，所以记诵之功，不论何时，均不可废。如宋龚程以博览群书、记诵精确著名，至被乡人称为“有脚书橱”（见宋龚明之《中吴纪闻》卷三）。可见其致力甚勤，功夫很深。近代一些搞文史哲的老学者，博通古今，能够有问必答的，也不在少数。但人一生的时间精力，究竟有限，对浩如烟海的古今著作，即属于自己的专业范围，亦难以遍观尽晓。因此，使用工具书，以补记诵的缺欠、常识的不足，实为人人所必需。做编辑工作，审读稿件，核实材料，涉及的方面，极为广泛，更是随时要借助于工具书，不可须臾离也。

“敏而好学，不耻下问”（《论语·公冶长》），是好习惯。遇到自己不懂的东西，应该向人请教，不拘长幼，一字为师。但勤学好问，能与勤查工具书结合进行，效果更好。养成查书的习惯，有些问题，尽可自己解决，并不费事，无须件件去麻烦别人。例如“啇”字音dí，是“本”“根”的意思。木根、果蒂、兽蹄，皆可称啇，这和商务印书馆的“商”，形音义都不同。修订本《辞源》第一分册的“口”部，并列“商”“啇”二字，解说相当清楚。我在本书第三章第一节中，即曾以此为例，说明二字形近，不能混同。最近还有人打电话来问，“商”与“啇”可否通用，答以不可，并告知《辞源》注释的页码，以便一查。如果事先翻翻《辞源》，不过一举手之劳，即找出答案，不必问人了。又有人读古籍，遇“自黄龙以来”一句，来问“黄龙”何指。试检修订本《辞源》第四分册的“黄”部，有“黄龙”一条，查知西汉宣帝（刘询）、三国吴大帝（孙权）皆有此年号，得借以了解文意，推断时代。又清吴炽昌《客窗闲话》续集卷二《补骗子》之一则，叙某观察在候补时，调戏仆妇，为仆夫所执，持刀威胁，观察不得已，许于得官之日，以仆为长班，“政由宁氏，祭则寡人”。仆乃允而释之。或问二语出典，告以事见《左传》，可查叶圣陶所编《十三经索引》。据该书“祭则寡人”一句注，查到出处在《左传》襄公二十六年，原来是卫献公流亡在外多年，派使者回卫，请大臣宁喜支持其返国，说：“苟反，政由宁氏，祭则寡人。”表示如得回国，任凭宁喜执政，自己只管祭祀，甘当傀儡。这样，就可以明白某观察说这两句话，是向仆人许愿，将来放手任其弄权的意思了。《十三经索引》所引上句，为“苟反，政由宁氏”，以“苟”字打头，所以只查“政由宁氏”即找不到，只好查下句“祭则寡人”了。

上举三例，其查“商”“啇”两字，“黄龙”一词者，比较容易；找“政由宁氏”之典，就得先有些印象，才知须查何书。因此，我说做编辑工作，一时也离不开工具书，但无一定的常识基础，用工具书即也有困难。读书博览与使用工具书，必须相辅而行，始能事半功倍。

第一节　了解各种工具书的内容形式和作用

一、字典和词典

1. 字典

字典、词典和韵书，本来俱归经部小学类，至清人编《四库书目》，始于小学类中分训诂、字书、韵书三种。训诂书，即古汉语词典。从前，大家也把讲文字训诂的著作，统称字书。自从近代产生了“词典”（或“辞典”）这个名词，字典和词典，才相对地有了界限。东汉许慎的《说文解字》是我国第一部真正的字典，不同于以前的《史籀》《苍颉》等篇的识字课本式的字书。它以小篆为主体，用“六书”理论（说详本书第三章第一节）从形体入手来解说字义；分五百四十个部首，使纷纭复杂的文字有类可归；为后来字典编者导了先路，并成为研究古文字的重要依据。继《说文解字》系统而编撰的字典，有魏张揖的《古今字诂》、晋吕忱的《字林》、北魏江式的《古今文字》等。《古今文字》与《说文解字》的文字形义，时有歧异，但还是一类的书。吕忱编《字林》，着重从许多典籍中搜求异字，以补《说文解字》之缺，影响较大。《古今文字》，荟萃许多字书，贯穿古今，内容非常丰富；其以篆文和隶书相对照，广收异体，尤便于读者识字。惜此三书均已失传。至南朝梁顾野王编《玉篇》，始以通行的楷字代替篆书，在每个字的下面，先以反切来注音，然后解释字义，不再逐字分析形体。宋司马光等撰《类篇》，亦如《玉篇》之注重音义，而调整体例，增加新字，惟部首仍为五百四十，实太烦琐。直到明梅膺祚编撰《字汇》，才于内容和体例，俱作了大胆的革新，简化部首为二百一十四，每部之字，都以笔画多少为先后次第来排列；并附“检字”，让读者可按笔画找不易辨别部首的字；每卷还有部首目录及页数表，以便查索部首；每字皆先标反切，后注直音；解释也力求简明，兼顾通俗用法；使字典朝着实用的方向发展，实以此书为先河。续出的明张自烈《正字通》、清张玉书等的《康熙字典》，皆在《字汇》的基础上编成。

《康熙字典》的编者，集《字汇》《正字通》之大成，又进一步改善体例，充实内容，为几个朝代的《说文解字》派字典，作了一个总结，成就在诸书之上。采辑各韵书的反切来注音，分合异同，为《康熙字典》所首创；释义、引证、采录异体、俗字等等，也更加详明完备。无论内容和形式，均比《字汇》《正字通》丰富谨严，收字四万七千有余，数亦最多。如土部的“墺”字，在字头下面，列出四个古文异体，下面注音释义，集中了《广韵》《集韵》《韵会》《正韵》四部韵书的反切，不同的单载，相同的合列，有异读的另外标明，即为一般字典所未详。卷末还附有“补遗”一卷，收冷僻之字；“备考”一卷，收不通用之字，以便查不见于正文之字。因此，凡不见于《字汇》《正字通》的字，均可查《康熙字典》。换言之，就是有了《康熙字典》，无须再用前两书。例如其女部的“姐”字字头下，列“她”“毑”二形，即为一般字典所不收。“毑”字少见，“她”今用作女性的“他”，实际都是“姐”字的古文。又《杜工部草堂诗笺》卷二十五《赠崔十三评事公辅》一诗的注：“美崔公能守雌柔之才，而不缴斈于当世也。”“斈”字少见，试查《康熙字典》文部七画，可知为“譽”字的俗体。

在《康熙字典》通行二百多年之后，中华书局编印的《中华大字典》于1914年成书，次年出版，全书共收四万八千多字，比《康熙字典》更多。所录之字，除去正文、本字之外，兼列籀文、古文、或体、俗体、讹字等等，一一说明，眉目更为清楚；分项解义，亦较《康熙字典》条理分明。近代的方言，翻译的新字，也都采入。内容体例，均有所改善，足与《康熙字典》相辅而行。

2. **词典**

《尔雅》是我国古代词典之先河，渊源甚古，最后成书于汉代。它首创了按内容性质分类释词的体例，今本三卷，即按十九类分为十九篇。其中的《释诂》《释言》《释训》三篇，解释普通语词；《释亲》《释宫》《释器》《释乐》四篇，解释人事名称；《释天》解释天文名称；《释地》《释丘》《释山》《释水》，解释地理名称；《释虫》《释鱼》《释鸟》《释兽》《释畜》，解释动物名称；《释草》《释木》，解释植物名称。《尔雅》把语词与百科条目合于一编，已具后世百科全书之雏形；解说不同的语词，采用不同的方式，也为续出的词典编撰和训诂学的研究提供了规范与丰富的资料。如《释诂》的“乔、嵩、崇，高也。崇，充也。”乔、嵩、崇，部作高讲，而“崇”还有“充”义，就先共释而后分释。对草木虫鱼鸟兽等，或以异名解释，或以两物相对来区分。如《释虫》的“蜓、马蜒”，是以“马蜒”的俗称来解释“蜓”这一雅言为何物的；“有足谓之虫，无足谓之豸”，即以两物相对，以言其异。其他解说方式犹多，兹不备举。继出的词典，如汉孔鲋的《小尔雅》、三国魏张揖的《广雅》、宋陆佃的《埤雅》、明方以智的《通雅》以至清史梦兰的《叠雅》等，都是《尔雅》的流派。惟汉刘熙的《释名》，专以音同、音近的字来解说词义，稍与《尔雅》异趣。西汉末扬雄的《方言》，辑录当代的方言俗语，为最早的方言词典；东汉服虔的《通俗文》，解释通俗用语，亦开先例。自唐以来，演变益多，有集释经典诸书文字音义的字书，唐陆德明的《经典释文》，着重于考证字音，对诸经本文或注文读音有异的，广泛采取各家的音切来注音，兼收诸儒的训诂以释义，并考证各本文字的异同，保存了唐以前经书中的许多文字音读。其“序录”部分，介绍古代注家，涉及经学源流，为研究古代文化史的重要资料。继此发展，有清阮元的《经籍籑诂》，汇编古代经传子史中的文字训诂于一书，所收都是单字，而注释的不乏复词。这部书和《经典释文》，实皆兼具字典与词典之用。

此外，有注释佛经文字音义的字书，唐释玄应和慧琳的两部《一切经音义》，辽释希麟的《续一切经音义》，其中字词虽采自佛经，也具有一般词典的作用。还有注释虚字的字典，清刘淇的《助字辨略》和王引之的《经传释词》；有汇编词藻典故的词典，清人所编《佩文韵府》与《骈字类编》。方言俗语词典，有明陈士元《俚言解》、清翟灏《通俗编》之类的兼采各地方言俗语；有清胡文英《吴下方言考》之类的专释一地方言。字典、词典之内容品种，遂日益丰富。但现在最常用的综合性词典，还得首推《辞源》《辞海》这两部书。

商务印书馆所编《辞源》，于公元1915年出版，它首先突破了古代训诂词典作为经传附庸的藩篱，使辞书走上独立发展的路途；其以单字为词头，下列词语的体例，也具有开创性，一直为后出的词典所沿用。全书收单字一万多个，词目十万条左右，新词、古语俱加采录，除去单字和一般语词之外，还包括成语、典故和古今许多百科性条目。现经修订，删去一切新词，成为一部专门的古汉语词典，内容质量，较旧本有显著的提高。中华书局所编《辞海》于公元1937年出版，与《辞源》性质相同，而体例较《辞源》谨严，所收词目，多为《辞源》所未有，现经修订，成为一部新旧兼收，而以新知识为主的百科词典。其中自然科学、社会科学和应用技术的条目，都根据较新的材料来解说，在一定程度上显示出当前科学的发展情况和研究成果。还有中国大辞典编纂处所编的《国语词典》，分册出书，于1945年全部出齐。所收有常见的古汉语词汇，也有通俗的口语词汇，保存的北京话词语尤多，可补《辞源》《辞海》的不足，供查普通话语词之用。至于比较专门的词典，如朱起凤《辞通》、符定一《联绵字典》之释联绵词；张相《诗词曲语词汇释》之释诗词曲中词语；徐嘉瑞《金元戏曲方言考》、朱居易《元剧俗语方言例释》之释戏剧词语；各有所专，收词释义，多属一般词典所未有，亦为查检之不可少。近三十年来，国内外编辑出版之新辞书，更如百花竞放，丰富多彩。如商务印书馆出版的《现代汉语词典》《新华词典》《四角号码新词典》，台湾出版的《中文大辞典》、日本出版的《大汉和辞典》等。大家经常使用，于此各取所需，解决阅读写作遇到的问题。对即将印行的大型辞书《汉语大字典》和《汉语大词典》，也寄予很大的期望。此外，由于近年大家普遍重视工具书的作用，各地出版讲工具书使用法的书甚多；成语词典，亦如雨后春笋，到处皆是；斟酌去取，以供参考，对审稿撰文，搜辑资料，理解成语含义，以免致误，都是有好处的。

二、韵书和类书

1. 韵书

韵书，指以审音辨韵为主的著作，可以分为三种：一种是研究古韵的著作，为考证周秦韵文用韵情况的书；一种是研究今韵的著作，为考证六朝唐宋以来音韵的书；一种是研究等韵学的著作，为以审音为主的讲音理的书。本文所说韵书，指上述的第二种，如《广韵》《集韵》之类。这些书，虽然重在字音，也讲文字的形义，具备字典的功用，而其按韵收字的体例，又不同于一般的字典，所以我在拙著《中国字典史略》一书中称之为“古代字书的别体”。以下所谈韵书，均指此种。

我国古代的韵书，始于三国魏李登的《声类》，继以晋吕静的《韵集》。其后有隋陆法言的《切韵》，影响较大；唐孙愐又将此书重加刊定，更名《唐韵》。但此四书，俱已失传。今存的韵书，以宋人继承《切韵》的系统，据《唐韵》增修而成的《广韵》为最早。《广韵》五卷，宋陈彭年、丘雍等修订，共收二万六千一百九十四字，按平、上、去、入四声，分二百零六个韵部，每个字都依韵归部，先释义，后注音，并把同音的字全排在这一字头之下，作为一组。字音有异读的，个别注明；字形有异体的，附于本字之下。如平声“之”韵的“之”字：

> 之　适也，往也，闲也。亦姓，出《姓苑》。止而切。四
>
> 䞃　到也，又如一也。芝　芝草。《论衡》曰：“芝生于土。土气和，故芝草生。”《古瑞命记》曰：“王者慈仁，则芝草生也。”㞢　篆文，象芝草形，蚩，从此也。

在这一个组中，“之”是字头，下面释义注音，标出反切，“止而”就是“之”的拼音；后列的“䞃”“芝”“㞢”

三字，读音皆同，就只释字义，不再注字音。“四”字表明从“之”到“㞢”这四个字，都读“止而切”；“㞢”为“之”的篆文，本是一字。由此可见《广韵》等于一部同音字典，我们可以从其中一个字的读音而推知一组字的读音，和现在按汉语拼音收同音字的字典，作用相同。如果阅读古籍，遇到冷僻字，虽从字典内查出反切，还不能正确发音时，不妨试查《广韵》。只要找出同组里一个常用字，就可以推知这个冷僻字的读音了。

《广韵》每卷之前，都列有韵目，形式如下：

德红 东第一　独用　　都宗 冬第二　锺同用

职容 锺第三

这里的“东”“冬”“锺”是韵部的名称；一、二、三，是排列的次第；“德红”“都宗”“职容”，是“东”“冬”“锺”三个字的读音反切。“东”字后注“独用”，表明在作诗赋时，不能把“东”韵和其他韵中的字作为同韵字来用；而“冬”与“锺”两韵的字，可以作为一韵来同用。

《集韵》十卷，系宋丁度等重修《广韵》而成，共收五万三千五百二十五字，比《广韵》增加两万七千余字，重文异体，罗列益多；先注音，后释义，体例和《广韵》相反；异体字皆紧附本字之下，亦和《广韵》不同；还把《广韵》一些韵部的字，做了改动和调整。因此，想参照使用《广韵》和《集韵》这两部书，必须先看韵目，对查韵部排列次第与韵字的异同，才好找要查的字。

《集韵》的注释，一般比《广韵》简单，但两书也常常详略互见，所收异体字多，有的反切，容易拼出恰当的字音，对多音多义字的音义，辨析较详，是《集韵》的特点。《中华大字典》的单字注音，全采《集韵》的反切，即取其求音较易，辨析详明。遇到《广韵》未载的字，皆可试查《集韵》。

从《广韵》《集韵》等韵书中查字，要先知道所查之字属于平、上、去、入的哪一声哪一韵，然后由韵目内据韵部次第，按韵查字。不能辨别声韵，可先查新《辞源》或《中华大字典》，这两部书的单字是都注明了声韵的。

除去《广韵》《集韵》之外，清人李光地、王兰生所编《音韵阐微》十八卷，也是从前常用的韵书。它的主要特点在于改革了以前韵书的反切，使用“合声”切法：以切音的上一字定声母，全用支、微、鱼、虞、歌、麻这几个韵中的字，因为这几个韵能生诸音；以切音的下一字定韵，凡清声全取影母的字，浊声全取喻母的字，因为这两母为本韵的喉音，声音都是生于喉而收于喉的。这样，可使反切的字“缓读之为二字，急读之即成一音”。其所根据的读音，则是清代康熙、雍正间北方官话的语音。所以，用《音韵阐微》的反切，比较容易拼出和现在语音接近的读音。旧《辞源》和《辞海》即全采用《音韵阐微》的反切为单字注音。从实用方面说，这部书的价值，不容否定。

2. 类书

类书是一种分类的材料汇编，为我国古代近似大百科全书的工具书。其中罗列文字训诂、经史杂传、诸子百家之言以及诗文作品；涉及典章制度、山川、地理、医卜星相、花草树木、鸟兽虫鱼；采择极广，以杂见称。类书的远源，可以上溯到《尔雅》。《尔雅》释词，所分十九类，实已包括后来类书的主要门类，不过各朝的类书随着时代社会的发展，名物的增加，而门类愈多，子目愈细而已。

三国时魏文帝（曹丕）喜好文学，除去自己著述之外，“又使诸儒撰集经传，随类相从，凡千余篇，号曰《皇览》”。（见《三国志·魏书·文帝纪》）这是我国第一部类书，早已失传。继起的南北朝类书，以梁徐勉等所撰的《华林遍略》和北齐祖珽等所撰的《修文殿御览》为较著名，亦均亡佚。现在常用的类书，唐人所撰，有虞世南的《北堂书钞》、欧阳询等的《艺文类聚》、徐坚等的《初学记》、白居易的《六帖》；宋人所撰有李昉等的《太平御览》和《太平广记》、王钦若等的《册府元龟》、王应麟的《玉海》；明人所撰，有解缙等的《永乐大典》、俞安期的《唐类函》；清人所撰，有张英等的《渊鉴类函》、张廷玉等的《子史精华》、蒋廷锡等的《古今图书集成》等。

《北堂书钞》为虞世南在隋任秘书郎时所编，辑录诸书中可以作文用的材料，原为一百七十三卷，北宋时书已难得。通行的明刻本删补窜改甚多，清儒又加校订，原书面目，所余无几。但其中保存的古籍佚文，还有一定的参考价值。《艺文类聚》征引隋以前著作，也很丰富，如所载魏晋南北朝人的诗文赋颂等等，多出于宋代所无的诗文集。《初学记》内容与之近似，其中有关史地、民俗的记载不少，兼及唐初诗文和一些其他著作。《六帖》本名《白氏经史事类》，以摘录成语、典故为主。宋孔传续补白作，曰《后六帖》。后人遂称白居易所撰为《白氏六帖》以别之；而呼两书合刊本为《白孔六帖》。《太平御览》一千卷，卷首列引书目录达一千六百九十多种，虽不免重复、错误，征引实甚广博。《太平广记》广泛采择自汉晋到北宋初的小说、笔记、野史等书内的故事，按内容分类编次，引书约五百种，已经多半失传，所存佚文，足资考证。此书对研究古典小说的发展演变，有重大的作用。《册府元龟》专门辑录自上古至五代的历代君臣事迹，按事类和人物，分门编次。所采材料，以“正史”为主，间及经书、子书，不取小说、杂著。它的篇幅比《太平御览》还多一倍，几乎概括了全部十七史。《玉海》专为应博学鸿词科考试而编，多录有关典章制度的文献和吉祥的善事；于宋代掌故，大都根据当时《实录》《会要》等书记叙，更为详备。《唐类函》把唐人类书删除重复，汇为一编。《渊鉴类函》据《唐类函》增补而成。《子史精华》专门采辑子书和史书内中的名言隽语，按类排比，故称《子史精华》。

《永乐大典》系明成祖（朱棣）永乐年间命解缙、姚广孝等所编，共二万二千八百七十七卷，辑入古今图书七八千种；按韵收字，用字系事，搜罗的材料，宏富非常。《古今图书集成》系清世宗（胤禛）雍正年间命蒋廷锡等重编陈梦雷所纂《汇编》而成，共一万卷，分六编三十二典六千一百零九部，集经史子集之大成。《永乐大典》于所辑录的材料，完全据原书整部、整篇或整段地抄入，一字不改；《古今图书集成》亦大体如此。所以这两部书完整地保存了许多古籍。惜《永乐大典》先后散失，残存无几。一九六〇年中华书局曾影印七百三十卷。其后又续有发现，更加辑印。《古今图书集成》则至今卷帙俱全，规模最大，用处最广，体例也较完善，足以显示类书编辑工作划时代的进步。

一般类书，都兼采“事”“文”，二者并重。“事”以典故、事迹为主，“文”以诗文词藻为主，内容特点主要在于“杂”。其专录一类内容的类书，如《太平广记》之专收小说，《册府元龟》之专录史事，唐韩鄂《岁华纪丽》之专辑有关四时的材料，《子史精华》之专采子史中的词语；虽各有所专，而分门别类，体例仍属类书，并非任何专集。至于《太平御览》《册府元龟》等书，当时主要是为便于皇帝读书览古而编撰，含有用作施政借鉴的意思。《太平御览》实承《皇览》的系统而作，以在宋太宗（赵光义）太平兴国年间成书，太宗每天阅览三卷，故称《太平御览》。此书与《册府元龟》俱只采事例，不录诗文，和其他类书性质、作用不同。

一般类书，都先分大部，下列子目。首叙天地四时，末及鸟兽虫鱼，也基本一样，只是部类拥有分合或名称、次第略存歧异而已。因此看一下《艺文类聚》的目录所列部类，就可以了解类书分部的约略情况。至于辑录材料则多数皆在每一类的每一子目之下，先取事类，后采诗文，并大致按所引各书的时代早晚排一下次序。如《艺文类聚》卷三《岁时部》上的《春》，先引《尔雅》《尚书》《礼记》以至《东观汉记》《博物志》等二十几部书中关于“春”的解说、叙述，后列晋陆机、郭璞，梁沈约等许多家关于“春”的诗，晋傅玄、湛方生及北周庾信等许多家关于“春”的赋，即为先“事”后“文”之例，能够说明类书罗列材料的方式。

古代类书保存了有关史地、艺文、典制、风俗、民情以及其他许多方面的珍贵材料，其中百科条目，能给我们解决阅读古籍遇到的一般知识性问题；查找有关的研究线索，这里也是丰富的宝库。如要查有关“围棋”和“弹棋”的事文，即可在《艺文类聚》第七十四卷《巧艺部》内这两个小题下找到。由于类书所征引的古籍，往往与通行本文字有异，用以校勘，考证正误，也很有用。如今本晋干宝的《搜神记》出于宋以后人辑录，其卷四所载《庐陵欧明》一节，和《初学记》卷十八所引《录异传》的《请如愿》内容完全相同，仅数字小异。而《初学记》此条之前，还有《借车子》一节故事，标明出于《搜神记》。大约今本《搜神记》的辑录者，抄时匆忙，见两个故事相连，而没有看清下一个书名，遂将《请如愿》误入《搜神记》（说详上海古籍出版社出版拙著《类书简说》第三章第二节）。又如下面一段文字：

> 《孟子》曰："滕文公卒，葬有日矣。天大雨雪，甚至牛目，群臣请弛期，太子不许。惠公谏曰：'昔王季葬滑山之尾，栾水齧其墓，见棺前和。'文王曰：'先君欲见群臣百姓矣。'乃出为张三日而后葬。今太子亦曰：'先王以留而抚社稷，故使雪弛其期，更为日，此文王之义也。'太子曰：'善。'"

有人从宋代笔记中抄了这一段文字给我看，问何以不见于《孟子》书中，我告以或古本有之，可试查《太平御览》。果然从《太平御览》第五百五十五卷《礼仪部》三四《葬送》三内找到了这段引文，可见类书在辑录古书佚文方面的作用。

三、表谱、索引及其他

古人治学，首重诵读；查找材料，多凭记忆；本无所谓工具书。像《尔雅》自唐代即被列为儒家必读的经典之一。许慎的《说文》和吕忱的《字林》，也是唐代士子应"书学"考试者所必须熟习。最早的类书《皇览》，实际亦为便于阅览而撰的分类史料汇编。自唐人编《初学记》，才稍稍明确这类书之作为速成课本与工具书的作用。此后随着时代社会的前进，文化的发展，有志之士纷纷致力工具书的编撰。降至近代，工具书品种日繁，分工趋细，各类专门的工具书，日见其多。凭借这些工具，可以节省治学者的许多宝贵时间和精力，而为了利用它们，得先有一个了解和掌握的过程。

表谱，指按事物类别编成的表册。如考订历史年月的年表，为人物生平事迹编年的年谱，记述氏族、宗族世系的谱牒等等，都属于这一类的工具书。《史记》的《十二诸侯年表》《六国年表》《秦楚之际月表》，沿周代谱牒之制，创造出比较完善的体例。继此传统，由唐宋至明清以迄现在，新撰不断出现。历史年表，如清万斯同的《历代史表》、锺渊映的《历代建元考》、李兆洛的《纪元编》、现代荣孟源的《中国历史纪年》、万国鼎等的《中国历史纪年表》、翦伯赞的《中外历史年表》、郑鹤声的《近世中西史日对照表》等，可见年表一类工具书的发展演变。人物表谱，如清沈炳震的《二十一史四谱》、蔡上翔的《王荆公年谱考略》、近代和现在姜亮夫的《历代人物年里碑传综表》、郑鹤声的《司马迁年谱》、夏承焘的《唐宋词人年谱》等，或博或专，各有所长，亦足以显示这类工具书编撰范围之日益扩大和方法体例的进步。

索引，别称“通检”“备检”，又曰“引得”，为查书名、篇名、人名、地名以及字词语句的工具书，肇始于明，继起于清，发展于近代，而兴盛于现在。如叶绍钧的《十三经索引》，可据以查出《十三经》中每一句话的书名和篇名；配合开明书店出版的《二十五史》而编印的《二十五史人名索引》，可据以查出见于《二十五史》中正传或附传的人名所在的书名、卷数和页码；配合商务印书馆出版的《万有文库》本《十通》而编印的《十通索引》，可据以查出由唐杜佑《通典》到清末刘锦藻的《清续文献通考》等十部政典中分题罗列的词目；检索容易，均便读者。此外，由原哈佛燕京学社引得编纂处所编“引得”，为数甚多，方面较广；由中法汉学研究所所编“通检”，也有一批。如《庄子引得》《荀子引得》《墨子引得》《史记及注释综合引得》《杜诗引得》《春秋繁露通检》《新序通检》等几十部索引通检，至今仍有使用价值，或经翻印。凡查书名、书语、篇名、人名、类目以及各种专门资料，都可以靠这类索引通检而找到出处和线索。

其他古今中外工具书，如唐林宝的《元和姓纂》之专考姓氏；清厉荃的《事物异名录》之专收各类事物的异名，梁章钜的《称谓录》之专释公私各种称谓；今人杜信孚的《同书异名通检》之专录同书的异名；日本重泽俊郎、佐藤匡玄所编《左传人名地名索引》，专供查检《左传》中人名、地名之见于某公某年；种类极多，不能备举。六十年代初，已有日本学者编出《世说新语》的语词索引；又有佐伯富所编《中国随笔杂著索引》问世；说明工具书的编撰已扩展到笔记小说和杂著，范围益广。近年友人吴小如、同宾昆仲编著《文史工具资料书举要》，除介绍各种工具书外，兼及大部头的经史子集常用书，如《十三经》《二十四史》《百子全书》和《文苑英华》《全上古三代秦汉三国六朝文》之类，也很切合实际需要。《文苑英华》一千卷，为宋初李昉等所编，录自梁末至晚唐五代约二千二百人的作品，近两万篇，正好和梁昭明太子萧统所编《昭明文选》时代衔接。其中唐人诗文占十分之九，已佚之篇，多借此保存。《全上古三代秦汉三国六朝文》七百四十六卷，为清严可均校辑，录自上古至隋三千四百九十七人的作品，前加作者简介，后注文章出处。这于阅读或查找作品，都很方便。又商务印书馆出版、武汉大学图书馆学系所编《中文工具书使用法》一书，附录辞书部首，类书部类等表；也对读者使用工具书，颇有帮助。顷复获悉由南开大学中文系朱一玄教授领头编撰的《文史工具书手册》，将由辽宁人民出版社出版，此册于所介绍的各种工具书的序跋、凡例之类，一概照录全文，为读者了解各书的内容体例，提供宝贵的参考资料，成为这本手册的一个主要特点。

总之，做编辑，必须博古通今，兼及中外，随时注意学术研究的世界潮流和发展演变的情况。对于各种工具书，也要“温故知新”，不仅熟悉旧籍，更应掌握新著，才能更好地节省时间和精力，不断提高审稿编书、撰文著述的水平。

第二节　使用工具书应该注意的问题

一、熟悉内容特点

使用工具书，首先要掌握检字法，如单字的部首笔画、汉语拼音的音序、四角号码等等，至少得有一种比较熟练，才能翻检自如，查字容易。其次是要熟悉工具书的内容体例，知道它有何特点，以便扬长避短，更好地发挥它的作用。书籍中的序跋、凡例之类，往往涉及学术源流、著述宗旨和编撰的体例、刊行的始末等等，为本书的重要组成部分，不可不读。尤其是各种工具书的序跋、凡例、说明，为了解内容，查检使用所必须清楚，更加不能忽视。例如使用各种索引、通检，如果不看凡例说明，不知其编排方式和所据原书为哪种版本，根本就无法查检。如要查“白白江鱼入馔来”一句，出于杜甫哪一首诗，可用引得编纂处所编《杜诗引得》，先看说明，知其以《九家集注杜诗》为底本，继从第一册“笔画检字”的五画中，找到“白”字的页码，次由第三册“白”字头下查出“白白江鱼入馔来”一句在388页45题4行，再翻第一册，即知此句出《逆王十五判官扶侍还黔中》一题，见《九家集注杜诗》卷二十四。可见这一种引得、通检，查字不难；了解其他工具书如字典、词典之类的优劣短长，就没有这样容易，得下一番分析比较的功夫。

试以《康熙字典》和《中华大字典》为例来说，《康熙字典》的内容和形式，都比《字汇》《正字通》丰富、谨严，可由此查到不见于前两书之字。《中华大字典》又在《康熙字典》的基础上改善体例，增加新字，编撰又有进步；《康熙字典》未收之字，多见于此。但《中华大字典》虽然后出稍精，却并不能完全取代《康熙字典》，以两书的条目来比较，往往互见短长。如《中华大字典》“手”部的“挺”字，共收十二义项，比《康熙字典》解说详细；而《康熙字典》原有《汉书·师丹传》引证，足以说明“挺”字的“选拔”之义，《中华大字典》未取。又“女”部的“婬”与“媱”，本为二字，《康熙字典》所收，一在八画，一在十画，各有音义，形体无讹。《中华大字典》于此二字，则辨析未清，笔画、形体，均不免有误。因此，我们使用《康熙字典》和《中华大字典》，最好以两书对观，取长补短，并参考《辞源》《辞海》的单字解说，以定去取。

再就类书来说，使用它们，首先要了解其所分大类和子目，并参照各书所列部类名称，辨析异同。如据《艺文类聚》所分四十七部的内容，即可推知其他类书各部辑录的是哪些材料。《艺文类聚》有《岁时部》，收关于四时节令的事文；《太平御览》的《时序部》，正与之相当。《艺文类聚》有《州郡部》，收关于行政区划、州郡建置的材料；而《古今图书集成》的这类内容，则列入《方舆汇编》的《职方典》内，不立《州郡部》之名。但看一下总目，再查查“方舆”和“职方”两词的含义，就不难想出《州郡部》应属于《方舆汇编》的《职方典》了。另外，还应知道每部类书的内容与特点，于其所辑录的古籍的起讫时代和哪类内容较详、哪类内容较略等等，大体心中有数，始能查到要找的引证，不致白费时间和精力。像《艺文类聚》之多采隋以前的古籍，保存了不少魏晋南北朝人的诗文；《太平御览》之专辑事类，不取诗文；《册府元龟》之专辑史事，而特详于五代；《玉海》之于宋代掌故，更为完备；《唐类函》之分类汇辑唐代各类书的内容；《渊鉴类函》之收入了宋元以至明嘉靖时的故实；《古今图书集成》之征引书籍，多照录原文，不加删节；各自具有内容的特点，不可不知。

二、掌握有关常识

熟悉了各种工具书的内容特点，在查找材料时，就能根据需要，有明确的目标去翻检某书，可以省时省事。但这也得有相应的常识才能知所选择。例如修订本《辞源》是一部以语词为主，兼收百科知识性条目的古汉语词典，所收人名、地名不多，而叙述的侧重亦异。像张敞的为妻画眉、刘伶的嗜酒放诞等等，皆从文学的角度录入；施世纶的介绍，亦以其与《施公案》有关。换言之，如果张敞无画眉之事，刘伶不以狂饮著名，施世纶非小说中的清官，只有一般历官的生平，《辞源》是不会收此三人的。关于古地名，《辞源》所录，也以涉及史实、典故的为主。如“华不注”是山名，在山东济南市东北。春秋鲁成公二年，鲁季孙行父帅师会晋郤克，与齐顷公战，齐师败绩，逐之，三周华不注，即此。“芜蒌亭”为古迹名。后汉刘秀在蓟，闻王郎等入邯郸称帝，与邓禹冯异等昼夜急驰南下，至饶阳芜蒌亭，天寒饥疲，仅得以豆粥为食，即此。《辞源》这两个地名条目，专叙历史掌故，不谈山川地理形势，和一般地理书的写法不同。因此查阅《辞源》必须善用其长，要找不见于《辞源》的古今人名、地名，还得查历代史地书籍和《中国人名大辞典》《中国地名大辞典》以及《辞海》等工具书。

不过，查古籍中的人名，也并不容易。因为有许多书叙及人物，或称字、号、别署，或标籍贯、郡望，或列官爵、谥号，往往不直书姓名。后人读书遇此，必须查考明白，才能了解内容。而这些，有时并不包括在一般工具书之内，就得据常识来断定查什么书。如清金埴的笔记《不下带编》卷四谈到宋人方务德题姚生来书之后，有“韩公之于戎昱，既徇所求；奇章之望牧之，更宜自爱”两句，涉及四个人，用了两个典故，不查出处，难明何意。但这里上句只说韩公，不知为谁；戎昱是中唐诗人，尚易了解，只好就此推求。估计这类典故，可能见于唐孟棨的《本事诗》，试加翻检，果然找到“韩晋公镇浙西”一条，叙述戎昱为部内刺史，所喜酒妓，为韩晋公部下乐将召置籍中，后来晋公得知其故，即以妓归戎昱。“韩公之于戎昱，既徇所求”一句，意思是清楚了，而“晋公”并非人名，再查近人陈德芸所编《古今人物别名索引》，在“晋”字头下，查出“晋公”为唐韩滉的封号，方悉韩公为谁，不免大费周章。下句用唐牛僧孺和杜牧的故事，牧之为杜牧的字，牛僧孺封奇章郡公，这里简称奇章，也不好懂。尤其是作者，谈到同时的人，往往所称愈简，查考愈难。如晚清士大夫以李鸿章为合肥人，翁同龢为常熟人，张之洞为南皮人，而呼为李合肥、翁常熟、张南皮；或更省其姓，只曰合肥、常熟、南皮。此在时人，固能一望而知；时势一移，即难尽晓。现在大家普遍感觉查近人的名号事迹，颇不容易，因为目前还缺乏这类专门的工具书，仅能从一些零星的记载内钩稽或向老辈学者请教了。

另外，古籍中的避讳改字，也给后世查人名带来了困难。所谓“避讳”，是指对帝王和自己的祖、父等尊亲的名字，不能称呼或书写，要以同义同音的字来代替；或仍用原字，而在书写时故意缺减笔画，要求甚严。尤其是避帝王之讳，更不能丝毫含胡，稍有不慎，即能招来大祸。如清代乾隆间王锡侯即以编字书《字贯》，直书玄烨（康熙名）、胤禛（雍正名）、弘历（乾隆名）之名，没有避讳，被认为大逆不道，满门抄斩，著作尽毁，酿成极大的悲剧。试以古史为例来说，如三国吴韦昭，曾为《国语》作注，晋陈寿撰《三国志》，以避司马昭讳，改为“韦曜”。如查《二十五史人名索引》，即只有韦曜而无韦昭。晋代殷浩字渊源，唐人修《晋书》，以避唐高祖李渊讳，改“渊源”为“深源”。隋朝大将韩擒虎，为平陈的先锋，自唐修《隋书》，以避李渊祖父李虎的讳，去掉“虎”字，改为“韩擒”，历代相沿，直到近年中华书局出校点本《隋书》，才在目录中恢复韩擒虎之名，而正文中仍作韩擒未改。甚至唐欧阳询等编《艺文类聚》，在兽部内根本不收“虎”字，唐人凡言虎者，皆称“大虫”，可见封建帝王的淫威。又辽释行均所编字书有《龙龛手镜》，宋人以避宋太祖（赵匡胤）祖父赵敬的讳改称《龙龛手鉴》。“镜”与“敬”虽同音，并非一字，也要避讳，这叫作讳“嫌名”，凡此种种，亦足以说明使用工具书之需要多方面的常识。

三、注意综合利用

我所说综合利用，是指根据线索，连续查书，以寻根究底，解决问题。因为古汉语的词汇和典故，实在太多，常用的古今辞书，所收虽广，缺漏仍不在少数。例如“潘舆”并非僻典，而《辞源》和《辞海》均未载，《佩文韵府》亦未列入。试查《太平御览》七十四卷《车部》三《舆》，见所引晋潘安仁（岳）《闲居赋》，正为此词出典。据此复查《晋书·潘岳传》，知潘岳除长安令，迁博士，以母疾去官，作《闲居赋》，有“太夫人乃御版舆，升轻轩，远览王畿，近周家园”之语，后遂以“潘舆”为奉母养亲之典。宋刘克庄《后村集》卷五《得家讯》诗：“何时真宦达，处处奉潘舆。”即用此典。又古今画家画竹，题语常及“渭川”或“渭川千亩”，《辞源》也无此两条，我从《佩文韵府》的“先”韵“川”字下和《骈字类编》卷五十《山水门》找到“渭川”的有关引证，为《辞源》增“渭川”与“渭川千亩”两条如下：

《渭川》即渭河。唐李白《李太白诗》四《上之回》：“岂问渭川老，宁邀襄野童。”渭川老，指吕望。《新唐书·玄宗纪》开元元年十月猎于渭川，即此。参见“渭河”“渭川千亩”。

〔渭川千亩〕汉人谓有渭川千亩竹，其人与千户侯等。见《史记》一二九《货殖传》。《宋诗钞》黄公度《知稼翁集钞·谢傅参议彦济（雩）惠笋用山谷韵》：“前身渭川侯，千亩偿宿债。”后言竹之繁茂，多曰渭川千亩。清郑燮《板桥集·为马秋玉画扇》：“渭川千亩，淇泉菉竹，西北且然，况潇湘、云梦之间，洞庭、青草之外，何在非水，何在非竹也！”参见“渭川”“渭河”。

这两条都从文学的角度撰写，“渭川”即渭河，只引李白诗，以见词目；有关地理情况的叙述，在“渭河”条中，故注“参见”。渭川千亩竹云云，《佩文韵府》原引《汉书》。《汉书》多录《史记》旧文，推知《史记》必有此条，故复查《史记》，注明出处为《货殖传》。“潘舆”一条，亦如此增入《辞源》。初找材料，难知有无，好似“投石问路”；既得线索，继以追寻，有如“顺藤摸瓜”；综合利用，是要这样一步步地连续查几部书的。

有时查找材料，因为路子或方法不对，一时难于找到；或虽查出线索，而仍然不明出处，不知来源。如三年前，有东北某高等院校的一位讲师来访，谈起近年外国一些学者，对我国古代的炼丹术颇感兴趣，欲知“王子去求仙，丹成入九天。山中方七日，世上已千年”四句诗的来历，而不悉如何着手查检，曾经请教多人，翻阅多种诗集、诗话，均无结果。我告以查书方面宜广，不能因为找诗，就只查诗集、诗话一类；也不能指望一下子就找到全诗；查出一句，觅得线索，即可继续追寻。而首先应该从这四句诗中摘出几个词目如“王子”“求仙”“丹”“九天”“山中”“七日”“世上”“千年”等等，据词头去查辞书。但查了《佩文韵府》《骈字类编》等书，均无所得。试翻清翟灏的《通俗编》，则此四句俱列词目于第二十卷的《释道》类，注见于明叶盛的《水东日记》。但叶盛并不知此诗为何时何人所作。后来我在元杂剧中亦见引此，又从元虞集《道园学古录》二十九卷内看到两首诗：《寄贺吴宗师七十寿旦》诗之二："山中七日阳初动，遥礼三台过夜分。"又《和陈溪山元日后雪》诗："白发旧时香案吏，几回七日是千年。"也都有七日千年之语，可见这一说法，流传久远，其渊源还是需要探索，非一时所能搞清楚的。

由于任何一部内容丰富的工具书，也不可能包罗所要找的一切资料，所以必须多翻几部书，不能嫌麻烦；而且有的资料，往往一次未必找得全，须要继续搜寻，以期续有发现。去年曾有人要查"四时读书乐"一条，遍检《辞源》《辞海》《佩文韵府》《骈字类编》《恒言录》等古今辞书，均无此目。我想可以再查一下日本学者诸桥辙次所编的《大汉和词典》，试加翻阅，在该书第三册2294页三栏，找到此条，引《五种遗规》中朱熹《四时读书乐》诗，春夏秋冬四首，皆载全句。虽此四诗，是否真出于朱熹之手，尚待考证，总算初步解决了查词目的问题。《大汉和词典》用日文释词，编排次第，亦据日语，在不懂日文的人用来，须逐条查找，未免不便。但其引证，均录中文，尽管以收词太滥、引文多误为识者所讥；相对说来，却又因其多收而有用；据其引证，复查原书，也就达到我所说的综合利用的目的了。又“渭川千亩”一条，“渭川千亩”四字连用的书证，我原引郑板桥题画之语，《辞源》第三分册出书之后，我又看到了苏轼的《筼筜谷》诗：“汉川修竹贱如蓬，一斤斧何曾赦箨龙。料得清贫馋太守，渭滨千亩在胸中。”这是苏轼为文与可（同）画竹而题，清贫馋太守，即指与可；“渭滨千亩”，同“渭川千亩”。《辞源》再修订之时，当引此诗于郑板桥语之前，并增加“渭滨千亩”的词目，注明“见‘渭川千亩’”。由此可见学问之无止境，查书找材料，是难以“毕其功于一役”的。

四、了解缺欠弊病

对于各种工具书，除去熟悉内容特点之外，还应了解其缺欠和弊病，才不致沿袭疏舛，发生错误。先就字典、词典来说，《康熙字典》比《字汇》《正字通》收字增多，编撰体例也有明显的改进，但其中讹谬，为数不少。道光年间，王引之作《字典考证》十二卷，即纠正了《康熙字典》引书的错误2588条。而王引之所查出的，只不过是一部分，全书错误，实不止此。单谈引证，其误就有几种：（1）书名、篇名的错误或妄改；（2）引文的错误，脱落，或与注疏相混；（3）删节失当；（4）断句错误；（5）错字。例如“言”部的“詒”字

注：“《庄子·达生篇》：誒詒为病数日。”应作“誒詒为病，数日不出”。此处误将下句的前两个字“数日”截开，属了上文。“人”部“儓”字注：“扬子《方言》：儓西服，农夫之醜称也。”应作“儓覆，农夫之醜称也。”此处误将“覆”字拆成“西服”两个字，遂成笑话。

《康熙字典》对文字的解释，亦多欠妥：有的失于简略，有的又太琐碎；有的解释与引证不相应；有的漏引了常用的音义；有的解释不确切，对文字的通俗用法，也未说明。如“人”部的“僔”字，先引《说文》，解释为“终也”，后列《荀子·富国》的“僔然要时务民”一句书证。实际《荀子》的“僔然”作“纷杂”讲，并非“终”的意思。另外如“竝”，即“竝”“並”的异体字，时见于注释之内，而未列字头，亦可见其编撰之粗疏。

《中华大字典》的编者，鉴于《康熙字典》的种种毛病，力求改进，并纠正了《康熙字典》内的一些错误。但《中华大字典》本身，也有许多缺点，如过于追求释义的详备，分条列注，不免贪多；有关各条的注释，各自为说，失于参照；任意删节引文，捏合上下；沿袭错误的旧说，未加考证；征引词语，不能追溯原始；按语的文字，有的欠通等等，俱为美中不足之处。像其寅集“土”部的“塞”字，分解释至三十余项，意义即多重复。其中的二项的解释“蔽也”与四项的解释“掩也”，实为一义，应该并作一条。“目”字中间的两横，本来像黑睛之形，许慎《说文》谓为“重童子也”（“童”即“瞳”字），清人王筠、徐灏，均已指出其非，而《中华大字典》的“目”字第一义，仍用许慎的误说。

清翟灏的《通俗编》、钱大昕的《恒言录》之类辑释方言俗语的词典，对探索成语、俗语的语源，有一定的参考价值。但这类词典分类收词，体例有如类书，给它们本身造成编排的困难。《通俗编》按语词内容分为天文、地理、时序、伦常以至禽鱼、草木等等三十八类，常常使人不易断定某词属于何类。如“四分五裂”入“地理”类，“瓦解冰消”入“居处”类，即都很难想象。且其中引证，时有脱误，未可尽信；引书多不注篇目、小题，不便于检查原书。辑录词语，大部分仅限于排比材料，而解释、辨析不足；亦为此类词典的共同缺点。如《通俗编》的“喜从天降”一条下，不载引文，只云“见马致远《青衫泪》”，亦不注几本几折，为寻此语，势必通观全剧，要使读者浪费许多时间。又商务印书馆出版的《中国人名大词典》，虽系旧书，现在大家仍然常用。这部书于祖孙几代都有名的人物，各叙生平，而只在那位老祖宗名下，注出籍贯，其他均仅谈世系，不标乡里。所以要查一个人的籍贯，得一直追到他老祖宗的头上，才能查明。如查“王导”，下注“览孙”；再查“王览”，下注“祥异母弟”；复查“王祥”，才找到“晋临沂人”这四个字。此例还算是最简单的，有的要追溯祖宗三代至十几个人，始能查明一个人的籍贯，这简直是和读者在开玩笑。当初定此体例，不知想到过读者没有？此书的《补遗》部分，有“苏伯玉妻”一条，列入后汉，实为南朝宋人，乃沿《四库全书总目提要》之误。

《佩文韵府》以汇辑词语丰富著称，但这类官书，成于众手，编撰潦草，疵谬甚多。其中引证，大都辗转抄录，未经核对原书，由《韵府群玉》《五车韵瑞》承袭下来的错误，就有不少。如其第一百卷“陌”韵的“迹”字头下有“敛迹”一条，引《后汉书·李膺传》“自此黄门常侍皆屏气敛迹”；又引《后汉书·周纺传》“自是权门敛迹”；查原书皆并无“敛迹”一词。又《韵府拾遗》第五卷“微”韵“衣”字头下的“鹑衣”一条，引《荀子》“子夏鹑衣百结”；查《荀子·大略》作“子夏贫，衣若悬鹑”。也没有“鹑衣”一词，足见书内的引证，不尽可靠。

古代类书，保存了许多可贵的文献。如《艺文类聚》所征引的古籍，就有百分之九十以上俱已亡佚。即今存之书，亦往往与《艺文类聚》所据唐前古本引文有异，足相参校。但官修的类书，大都成于众手，编撰粗疏，错误亦多。其中引证，常经删节、割裂，或以撮述代替原文，且不免张冠李戴之失。《艺文类聚》卷八十二《草部》下《蒲》引《史记》："赵高将为乱，先设验献蒲以为脯，惑二世，有言蒲者诛之。"实际此事，见于他书，非出《史记》，宋王楙《野客丛书》早已述及。《太平御览》引证，承上文书名，省作"又曰"的，也常有错误。例如其二百七十一卷《兵部》二《叙兵》引汉刘向《新序》："上古之时，其民敦朴，故三皇教而不诛……"其下另一条"又曰"内有"近者曹操以八千破袁绍五万者，袁无法故也"等语。此叙三国时事，显然非《新序》之文而误入"又曰"之下的。

其他工具书像索引、通检以及诗文总集之类，也常因编排的疏忽，而漏去应有的条目、篇章，或出现另外的错误。如商务印书馆出版的《四库全书总目提要》所附《书名及著者索引》的"世"字头下，即漏去了《世说新语》；"杜"字头下，漏去了《杜阳杂编》。开明书店出版的《二十五史》所附《二十五史人名索引》，将晋殷浩所在史传《晋书》误标为《新元史》，则错误出人意外。清严可均所辑《全上古三代秦汉三国六朝文》一书，网罗宏富，体例谨严，亦不免重复、遗漏和误收。如其《全三国文》卷三十有应璩、应瑗，而无应瑒，即属明显疏漏。按应瑒字德琏，为应劭弟应珣之子，应璩为应瑒之弟，俱见《三国志·魏书》二十一卷。《艺文类聚》九十三卷《兽部》的《马》类有魏应德琏《慜骥赋》，严可均不应未见，竟未收入，当系以此书卷帙过多而有失。至于一些索引、通检之排错页码号数的，更属常见，自然也给查检带来了麻烦。

总之，对一切工具书，都是“尽信书则不如无书”，使用时要进行分析研究，判断是非。如采录其中的引证，凡见于今存古籍的，最好核对一下原书，参校异同，以定取舍。各种工具书内没有的材料，或系漏列，或本未收，也不一定在其他古籍里就找不到，经过多方思考来搜寻线索，还是很必要的！

第五章　编辑语文水平的提高

第一节　读书求知的重要性

读书与练笔，是提高编辑语文水平的主要办法，要结合工作实践，有计划、有步骤地进行。无论做什么工作，除去专业之外，每个人都有自己的知识，但可能方面不同，有宽有窄，重点各异。当编辑，除去语言文字的修养之外，还得掌握有关文史哲的多方面的常识，才能适应工作的需要。所以编辑有“杂家”之称。报刊文章和书籍的内容，涉及历史人物、典章制度、风俗掌故等等的不少。缺乏较广泛的知识面，在审稿时，于此就很难区别是非，决定去取。例如北京某报的《夕照寺与夕照街》一文中说：“清代及民国时，寺内地藏殿镶有王安昆壁画《高松赋》和陈寿山《双松图》，两人均是乾隆时的绘画名手笔。两幅壁画气势凝重，画工精细，吸引了众多的游客。”“按”壁画是直接画在墙壁上的，根本谈不到“镶”；夕照寺壁，一边为乾隆间陈寿山画的五棵松树，不是“双松”；一边是王安昆所写南朝梁沈约的《高松赋》，根本不是画；王安昆以书法著名，并非画家；寿山五松，夭矫生动，笔势苍劲，特点亦非“精细”。这样短短一段介绍，错误百出，编辑竟毫无觉察，不予审订而照样发登，实在令人惊讶。清嘉庆间俞蛟所撰笔记《梦厂杂著》，于陈寿山在夕照寺壁画五松情景，记述甚详。李慈铭日记和近人陈宗蕃的《燕都丛考》，于此也均叙及，是不难核对的。

另如“题词”二字，现在常用，但其概念，却并非人人清楚。曾有一位编辑对我说：“你们《辞源》，叶圣老的题词不错。”其实，叶圣陶先生只给《辞源》写了两个字的书名，这叫“题签”，而不叫“题词”。得写一段文、几句话、一首诗或词，或至少一句话，才算“题词”。现在对一般文体，不能分别，不辨诗文，不知对联为何物者，亦不乏其人。如“先天下之忧而忧，后天下之乐而乐”，为宋范仲淹《岳阳楼记》中的警语，众所周知。某报在介绍“范公亭”时，却说这是“诗句”。又该报曾影印孙中山先生赠黄克强（兴）的“安危他日终须仗，甘苦来时要共尝”一副对联，分题上下款，极为清楚，其标题却笼统地呼为“题字”，亦见常识的贫乏。

诸如此类，其例尚多。1984年，北京琉璃厂作为一条新的文化街改建完毕，某报作了两条报导。一条说十年动乱期间各商店撤去的名家所书匾额，现又重新悬挂，其中有清代翁月和、张伯英等人的手笔。另一条说，清初名流王温祥等，常到琉璃厂逛旧书摊。翁月和，显然应作“翁同龢”。同龢字叔平，常熟人，官至协办大学士、户部尚书，是光绪皇帝的老师，书法精妙，负有盛名。以属于维新派，在戊戌政变后，被慈禧太后革职，遣送还乡。有点近代史常识的，都知道这个人。清初名流无王温祥，见此三字，即可知为“王渔洋”之误。渔洋名士禛，以诗著称，主神韵之说，名气很大。其喜逛琉璃厂，清人笔记多有记载。把翁同龢写成“翁月和”，王渔洋写成“王温祥”，以字形相近而误，不难辨别。不论为记者之错，或排校之过，编辑都不得辞其咎，因为他没起“把关”的作用。作为报刊编辑，如果连翁同龢、王渔洋这两个人名都没听说过，其常识面就未免太窄了。再者，张伯英是近人，怎能归入清代？更严格一些说，这两条通讯，于翁同龢则称其名，于王渔洋则举其字，体例不一致，也是个缺点。

以前各节所谈语言文字之误和这里举出的一些问题，虽未必都出于编辑的过失，“但究竟是一个国家的文艺作品和编辑出版工作的文化水平的一种表现，并且对读者、作者自己和后来的作者、编者影响非浅，所以值得引起注意”。（胡乔木同志语，见《文艺报》1981年24期《关于提高文化修养问题的一封信》）我以为所以发生这些错误，除去工作马虎，不认真之外，归根结底一句话，乃是编辑不读书之过。因此，充实编辑的腹笥，提高语文水平，只有读书、练笔，别无捷径。

第二节　读书

——略读与精读

一、略读——涉猎浏览

近年曾听人说，有些成名的作家，认识到自己整天只搞创作，很少读书，渐觉题材贫乏，灵感不来，有如无源之水，行将枯竭，而提出“作家学者化”的口号，主张作家要有计划地读书，以广泛地丰富知识，吸取借鉴，提高创作的水平。一些老画家，通过多年的实践，也有类似的感觉，发现自己因为学识不足而造成绘画方面的重大缺欠，不能像古代书画大家那样做到诗书画三绝的自然结合，把文学艺术融而为一，主要原因在于不读书。于是呼吁朋俦，读书补课；教育后辈，注意学与艺的统一。作家和画家的这种认识与觉醒，是十分重要、异常可贵的。编辑整天和文字打交道，更是不可一日不读书，必须增强自觉性，排定日程，列出课表来勤学苦读，以期不断进步，日有收获，不致虚度光阴。

怎样读书，可能人各异辞，见解不一；读什么书，也得首先根据自己的文化水平和实际需要来确定目标，安排顺序。这其间，时代的要求，环境的影响，往往对个人的学习目的与方向，起着决定的作用。而成就的大小，又和自己的努力程度有着密切的关系。没进过学校只靠积极自学而成为学者专家的，有很好的学历而庸碌终身的，今昔皆不乏其人，足见成败得失，决于自己的勤惰和恒心毅力如何，客观条件与天分资质，虽有影响，并不能起主要的作用。

读书可以分为略读和精读两种，都包括“阅”和“读”两个方面。“阅”凭“目治”，指的是“看”；“读”要“口宣”，得念出声来；方式不同，效果各异，按《说文解字》云：“读，籀书也”；“籀，读书也”；两字互训，其义略同。读书须能探索含蕴，解释意义，通过有节奏、抑扬顿挫的朗读，以深刻体会文章的情味，也很重要。两者适当配合，以互相映发，更见效益。这里我先谈以涉猎浏览为主的略读。

世界上万事万物，纷纭复杂，变化无穷，不论怎样有学问的人，也不可能样样全懂，无所不知。编辑审稿，接触面宽，各方面的问题，都会随时遇到，惟有读书博览，不断地充实自己，才能补经历见闻的不足，适应现实，做好工作。略读的目的，就在于求广求多，扩大知识面，多识门径，以满足审稿撰文的要求。至于读什么书，则笼统地说，自然是古今中外之书，无不可读。例如探索宇宙的奥秘，了解社会的动态，总结历史的经验，研究文艺的发展等等，都不能只凭观察，必须以读书求知为基础。面对如万花筒般的现实生活，有多方面的求知欲，容易理解。但具体地讲，即总得有个范围，分个前后次第，或以工作需要为先，或从兴趣爱好入手来选择读物，各有好处。也不妨请教高明，开列书目，以便顺序阅读。像大学教授对研究生那样，指定必读书和参考书，亦可避免选择不当、浪费时间之失。

1. 看书与翻书

无论略读和精读，其目的都在于吸收。一方面要开阔视野，丰富自己的知识；一方面要培养眼力，提高鉴别作品好坏的水平；而这也正是为锻炼笔力，掌握写作技巧在打基础。因此必须选取有代表性的好书来读，以期“开卷有益”，读一书即收一书之功。试以结合工作需要和专业研究选择读物来说，例如研究古文字学，除去以金文、甲骨等具体材料为凭借之外，《说文解字》当然要读，段玉裁的《说文解字注》、桂馥的《说文义证》、王筠的《说文释例》、朱骏声的《说文通训定声》等有关著作，也必在探讨之列。而《诗经》《楚辞》和先秦两汉的诸子史传以及魏晋六朝的诗文，与古代的文字训诂，有不可分割的关系，亦不容不读。看看段、桂、王、朱等人解释《说文》的引证，即能见其涉猎浏览的范围之广。不这样，是难以融会贯通，自成一说的。近代学者在旧有基础上的进一步研究和对前贤学术成果的评论，足以显示继往开来的发展演变，尤当重视。如程树德的《说文稽古篇》、唐蘭的《中国文字学》，郭沫若、容庚、商承祚、陈邦怀等许多学者的专门论著，对文字学领域的开拓、研究方法的创新，都能给人以很大的启发。所以博古必须通今，要随时注意当前的学术动态。鉴别好坏、判断是非的眼力，正是在涉猎浏览的长期积累中锻炼出来的。

以上所举阅读之例，就本职工作或专业范围说，可称“在内的扩展”；此外，还应同时重视看专业以外的书，叫作“向外的伸延”。即古文字学家，也不妨多读读唐诗、宋词，看看戏曲、小说。因为不仅其中时有语文词藻，可为研讨的旁证，而且内容丰富多采，使人耳目一新，可以换换脑筋，活跃活跃思维，以彼鉴此，有互相促进的作用。《窦娥冤》《单刀会》《西厢记》《牡丹亭》等戏曲名篇，《水浒传》《三国演义》《西游记》《金瓶梅》等小说巨著，就是博学好古如段、桂、王、朱诸人等亦未必不看，实际也不应不看。又如《红楼梦》，今昔虽皆曾遭封建卫道者的抨击，依然如美玉精金，光芒难掩，其中人物和情节，流传众口，几乎人人能说《红楼梦》。可是由于这次《红楼梦》电视剧的播放，也暴露了许多观众不读书的缺欠，他们对主要剧情与人物关系，都不很了解，不过糊里糊涂地在看连环画。足见没有涉猎浏览之功，很难借文娱活动提高鉴赏的水平，对剧本改编的优劣，演员表演的得失，也就无法做出恰当中肯的评论。读书的这种“向外的伸延”，各行各业的人都十分需要，不独编辑为然也。

略读应该首先熟悉古今中外各种工具书，如上一章述及的字典、词典、韵书、类书、目录书以及图表谱录、索引通检等等。须要各自了解其内容体例，有何用处，如何用法；于其序言和凡例，尤应注意阅读，然后使用。对这些书，也可以经常翻翻，不一定只是用时才查。有一位青年编辑曾跟我说，他在闲着的时候，就常翻阅修订本《辞源》，由此获得不少常识，并养成了习惯，认为辞书一样有可读性，这也得算是“读书有间”了。

略读的范围，应该兼顾文史哲三方面，而从读散文、看史书入手。最好先读一读中国通史、世界简史、中国文学史、世界文学史、简明哲学史之类，了解概要，粗识源流，为阅读选书作参考。如果搞古典文献专业的话，就要对一些大部头的常用书，如《十三经》《二十五史》《十通》以及许多总集、专集等等，经常翻检，熟悉其特点和内容，以便在需要时阅读、征引。如《春秋》三传，《左传》着重用事实补充《春秋》，保存了丰富的古代史料；《公羊传》和《谷梁传》，皆少叙史实，多释经文，以阐明《春秋》的“书法”义例（指用字褒贬的原则）为主，而两家的师承授受，又各有渊源。考核史实，应查《左传》；讲求“书法”，当取《公》《谷》，并辨析其异同。《诗经》有汉毛亨的《传》、郑玄的《笺》，唐孔颖达的《疏》（即《正义》），于正文之外，连排小字，必须一一分别，不能笼统地俱称为注。又《史记》有南朝宋裴骃的《集解》，唐司马贞的《索隐》，张守节的《正义》，共三家注；书中的《三王世家》《龟策列传》《日者列传》等，为汉人褚少孙（即褚先生）所补，《三皇本纪》为司马贞所补，全非司马迁作，不容混为一谈。今本《后汉书》的纪传部分，为南朝宋范晔撰，唐章怀太子（李贤）作注；其《律历》《礼仪》至《百官》《舆服》等八志，出自晋司马彪《续汉书》，梁刘昭作注；乃两书合并之本。按时代排列，《晋书》在《宋书》前，但《宋书》为梁沈约撰，成书年代，比唐人所修《晋书》要早得多，其中保留的晋宋之间常用的语词，亦较《晋书》丰富。现存的史志目录，始于《汉书·艺文志》，嗣为《隋书·经籍志》《旧唐书·经籍志》。其后，《新唐书》《宋史》《明史》及《清史稿》，都称《艺文志》，共为七种。在《二十五史》内，只《魏书》有《官氏志》和《释老志》。《官氏志》兼载职官与氏族，《释老志》专记佛道两教事，志目亦出首创。

此外，如继《诗经》《楚辞》之后的诗歌总集，以南朝陈徐陵所编《玉台新咏》十卷为早出，古乐府和六朝宫体艳诗，多经辑入。赵宋郭茂倩所编《乐府诗集》一百二十卷，分十二类。自汉魏至唐五代乐府歌辞，采录极丰。各类均有总序，每曲均有解题，俱以古辞列前，拟作附后；考证详明，体例亦善，为历来讲乐府诗者所重。选辑历代诗文的总集，当首推南朝梁昭明太子（萧统）所编《文选》（即《昭明文选》），录自先秦至梁代诸家诗文，分为三十七类。入选诸篇，多为有代表性的佳作。继《文选》而编的总集，主要有宋初李昉等所编《文苑英华》一千卷，录自梁末至晚唐五代约二千二百人的作品，近两万篇，正好和《文选》的时代衔接。又清严可均校辑的《全上古三代秦汉三国六朝文》

七百四十六卷，录自上古至隋三千四百九十七人的作品，前加作者简介，后注文章出处，体例亦较为谨严。寻找历代诗文的材料，这些书都是主要的根据。

了解这些，就能心中有数，明于去取；而这些常识，正是由平日的浏览涉猎中得来。经常翻阅上述的工具书和常用书两大类书籍，应该算作略读的一部分。略读，本来是要包括看书与翻书两个方面的。看书，不论怎样简略，也得粗观大意；翻书就可以不顾内容，只看体例，知其有何材料，如何用法，以备用待查就行了。换句话说，看书要得到的，是“书里边的学问”；翻书要得到的是“书面上的学问”；两者有轻重缓急之分，而能收相辅相成之效。做编辑工作，审阅文稿，核对资料，每天都有无数的翻书、看书的机会，浏览涉猎，方便极多。即以我修订《辞源》为例来说，三十年来，左图右史，坐拥书城，不仅于字典、词典、韵书、类书以及目录、索引等工具书，往往一日数翻，即《十三经》《二十五史》《诸子集成》等大部头的书，自朝至暮，也不知要查几次。对许多书的内容、体例，都是这样逐渐熟悉起来的。我自少时，就喜欢看笔记小说和记琐闻谈掌故的笔记，而自恨所知不广，见闻孤陋，后因核对《辞源》词条的叙述和引证，始得大开眼界，多读异书，由此而涉猎的各种古籍，超过千种，其中笔记杂书，占着很大的比重。我记住了许多书名和作者，掌握了一些“书面上的学问”，这样得来的不少。有时查两句引文，本来顷刻可以了事，但被书内情节吸引，不觉阅读起来，不忍释手，总要连上下文看两段才合上书本。所以又附带着长了一些“书里边的学问”。如此翻书涉猎，真是“一举而数利兼焉”。1980年出版的拙著《历代笔记概述》一书，即结合“书面上的学问”和“书里边的学问”，以略读涉猎为基础，然后做进一步的研究写成的。

2. 跳障碍与攻坚城

无论就一篇文章或一本专书说，略读的目的都在于初步了解。对一篇文章，要粗知其记叙的中心，议论的得失；对一本书，要于其时代、作者、主要内容、篇目体例等，有个概括的印象。即同属略读之书，亦应给以不同的对待。一般的，不妨看过暂置；认为有用的，可以写下一个简略的提要。例如前些年，我在翻阅《颜氏家训》之后，曾简记数语于小册：

> 北齐颜之推撰，自“序致”“教子”到“杂艺”“终制”，共分二十篇。虽标家训之名，以教诫子弟为主，但涉及的范围较广，于古代的典制、风习、轶闻、遗事，无所不包；夹叙夹议，文笔亦较通畅。所谈处世、治学之道，足

资启发。其“勉学”“文章”“书证”“音辞”“杂艺”诸篇，尤多可取，对读书撰文以及研究古代的文字训诂，都有参考价值。

有这样一个初步印象，就算达到了略读的目的。我对其“勉学”“文章”等五篇，也不过草草翻阅，略知内容，记下大概，是预备用时查检研究的。

略读遇到不懂的地方，不妨跳过去，继续往下看，不能遇障碍即扫兴停读。《颜氏家训·勉学》记南朝梁元帝（萧绎）少日随意自读史书，一天二十卷，并无老师传授；有的字不认识，有的话不理解，还是不知厌倦地读下去。这个办法，我把它叫作“跳障碍”，是一种不影响读书情绪和进度的权宜之计。过些时，读书多了，于从前不懂之处，很可能一旦“豁然贯通”。如仍不理解，再查考资料或向人请教，亦不为晚。我上高中时，看清人笔记，如王士禛的《池北偶谈》、纪昀的《阅微草堂笔记》、梁绍壬的《两般秋雨庵随笔》等，极感兴趣，而于其中词语典故，往往茫然，并且不知查法，无人请教，只是囫囵吞枣般地看了一本又一本。积累渐富，领悟力遂不觉增强，前所不知，或不待查问而自明，这就是大量涉猎浏览以吸取感性知识的益处。

当然遇疑不放，力求彻底读通就更好。因此对略读之书，也不妨偶然就其难点，详加考释。如我昔见《两般秋雨庵随笔》卷二的《集句》一条，有清梁山舟（同书）集《水经注》语为联云：“帛什理于是山，作金五千觔，救百姓；小夫人以两手，捋乳五百道，向千儿。”上下联各用一个典故，我以不明故事，有些发闷，就下决心要一查《水经注》。但不知卷数，只能一页一页地读，幸好在第一卷《河水》注引法显《佛国记》内即找到下联的故事：佛教传说，恒水上流有一国，国王小夫人生一肉胎，大夫人妒之，盛以木盒，掷恒水中。下流国王得盒开看，见千小儿，即收养之。长大勇健，往攻上流之国。小夫人言能却敌，于楼上语云汝等是我子，若不信者，可张口仰向。小夫人以两手捋乳，乳作五百道，俱坠千子口中。子知是母，即放弓仗。这个神奇的故事，吸引着我，要继续把上联的出典查一个究竟，一直读到十四卷的《鲍丘水》注、十五卷的《瀍水》注，才查明“帛什理”应作“帛仲理”。晋帛护字仲理，益州巴郡人。为道教传说之真人，尝合神丹于无终山，又作金五千斤，以救百姓。查书有得，两典皆明，当时费事不小，却极为高兴！而且五十年后，我为《两般秋雨庵随笔》全书作注释，竟用上了这条材料，真可谓“开卷有益”了。这种硬碰硬的查法，我把它叫作“攻坚城”，可与“跳障碍”相辅而行，有不同的作用。跳障碍，可以多看书；攻坚城，利于吸收、理解。但攻坚要认准目标，断定值得不值得费一回事。如果遇“坚”即“攻”，过多地消耗时间和精力，必然影响看书的进度，那就失去略读的意义了。

一般说来，对小说、戏曲之类，涉猎浏览，只要了解主要内容、故事梗概、人物关系即可，于其篇章结构，用词造语、表现手法等等，无须研求。但翻阅既多，见识日广，有大量的感性材料，积累胸中，其熏陶渐染之功，将起一定的作用，即对未曾注意研求之事，也往往是能够领悟理解的。

二、精读——深入钻研

1. *方法与进度*

精读的目的在于求精求通，必须深入钻研，力攻专业堡垒，以期能有发明创造。略读博览，取径须宽；精读深研，选材要严。略读可以作为精读的基础，因为涉猎既广，对许多书都粗知梗概，便于从中选取精读的作品。略读也不妨与精读齐头并进，并不是一定要先略读而后精读。两者配合得宜，收效更速。平日大家常说的“由博返约”一语，就显示了略读与精读的辩证关系；可以理解为从多种知识中吸取精华，扬弃糟粕的过程；也可以理解为突出重点，集中一面以进行深入钻研的过程。

读法本无定法，条件因人而异，如何处置，在于自己，不能强求一致。但也总得讲究一些方法，不能随意任性，漫无准则。我小时，七岁入私塾，启蒙老师是蠡县蒋吕梅（熙宇）先生，一位渊博的老学者。起初除去认单字外，主要是教我念五、七言绝句。老师只照着字读，不作任何讲解，我也就跟着念，不敢发问。字认得了，诗会念了，随即熟读背诵，每天先是一首，后来增为两首。因为这时老师的目的在于教我识字，并非讲诗。当我背熟了二百多首唐宋人绝句之后，老师才从其中挑出一部分，给我“开讲”，由字词语句讲到整首诗的意思、情景以及平仄音节等等。我听得非常入神，仿佛进入了一个从未经历过的新境界。再念讲过的诗，觉得更有味道；对没讲过的，好像连带着也明白了一些。例如下面的两首绝句：“胜日寻芳泗水滨，无边光景一时新。等闲识得东风面，万紫千红总是春。”“泉眼无声惜细流，树阴照水爱晴柔。小荷才露尖尖角，早有蜻蜓立上头。”前一诗出宋朱熹手，后一诗为杨万里作，都是我少日背熟的。两待虽皆写景，而内容不同，风格迥异。前诗概括性强，富有哲理；后诗形象性强，勃发生机；俱以外界事物，通过敏锐观察，刻画出一刹那间的感受。读诗既多，遂能比较，而“胜日”“寻芳”“光景”“等闲”“细流”“树阴”“晴柔”“万紫千红”等词语，亦因背熟而理解吸收，成为我有。读诗再遇这些词语，即能根据文意，辨其异同。这种启蒙的教学方法，不免“填鸭”之嫌，似乎不能和现在编辑的读书进修、提高语文水平相提并论。但今天想起来，这却也符合先大量积累感性知识，然后提高到理性的过程，可以使人“举一反三”，自己“开窍”，不为无益。我后来学作近体诗，对区别平仄，掌握格律，不感困难；于别人作品，一念即知其失占出韵，音节不调，就和小时的背诗打下基础有很大的关系。

上文所谈，本系旧话，事过境迁，无须照搬这老一套，当然在有明确目的和系统理论的指导下，读书治学，效果更好。不过，却可以由此得到一些启发，那就是从钻研透几部好书，读通几篇好文、几首好诗入手，闯过文字关，从此豁然开朗，成为通人，只要用功，必能精进。民国初年的古文家林琴南（名纾，号畏庐，别署冷红生），不懂外语，而为我国以古文翻译外国小说的第一人。文笔流畅，才思纵横，其译著达一百余种，往往是“口述者未毕其词，而纾已书在纸，能限一时许就千言，不窜一字，见者竞诧其速且工。”（见钱基博《现代中国文学史》上编）林琴南所以具此造诣，是和他平日的博览群书，多读文学作品有密切关系的。盖见识既丰，旁通遂易，虽然不懂外语，也能一听就领会外国小说的意思，而恰当地迻译为中文。他教学生学古文，着重读三部书：《左》（《左传》）、《史》（《史记》）、《南华》（《南华经》，即《庄子》），认为由此可以掌握作文的要略。据我的粗浅体会，《左传》与《史记》一为编年，一属通载，体例不同，但剪裁、描述，各极其妙，实为记叙之楷模；《南华》寓言十九，比喻多方，哲理深微，思精笔健，实为论诗之圭臬。认真把这三部书研读透彻，则叙事说理，两俱得宜，再读他书，亦无不可通。林氏让学生以此打基础，高明之至。又《昭明文选》所录诗文，兼备众体，佳作如林，择优诵读，亦足资借鉴。所以旧时有“《文选》烂，秀才半”的俗谚。意谓读熟《文选》，即等于半个秀才，也说明了择优诵读的重要。蒋吕梅先生让我念汉贾谊的《过秦论》，《史记》的《魏公子列传》，以见论说，记叙两体之异；读南齐孔稚珪的《北山移文》、唐王勃的《滕王阁诗序》，以见骈俪的对偶和节奏，同属“以点带面”的办法，希望由此掌握读书的要领，达到一通百通的地步。

读书求知，须要渐渐积累，应该是日有进诣，不能一曝十寒，时时停顿。因为不进步，实际就是退步。清初大学者顾炎武即曾指出：“人之为学，不日进则日退。”过去传诵的一副对联也说："学如逆水行舟，不进则退；心似平原驰马，易放难收。"不进则退，确为至理名言。同时任何学习，都有一个由浅入深、逐步前进的过程，阅读必须在原有的基础上选择书籍，安排功课，不能好高骛远，急于求成。我发现不少青年人对读书学习，存在着急躁情绪，总想找个捷径、窍门什么的，一下子就见成绩，有收获；或者希望写一篇小说或一个剧本发表，就"一举成名天下闻"；觉得搞文史，学文艺，不像学理工科功课那样，得循序渐进，差一步也不行，只要集中突击一下，即可过关。这是非常错误的想法。其实只要有文学才能，尽管去写小说剧本，这并不影响你按部就班的学习。速成的捷径与窍门，根本不存在，不下苦功，什么也学不成。过去有人学书法，一上来兴致很高，信心很大，每天涂抹一二百字，几乎废寝忘餐；但不到一个月就泄了劲儿，从此不近笔墨，认为自己学不来这个。而不知道自己这种"粗制滥造"的突击学法，根本不对头。我告诉他要先学执笔、润墨，必须少写慢写，认真从事，一笔不苟，还要经常读帖，研究揣摩名家的笔势结构，仅靠写时"临帖"，看上一眼两眼不行。更要紧的是持之以恒，一天也不能间断。这样，一天写二十个大字就胜过轻率匆忙地写二百字了。他听了我的话，照此而行，一年之后，果有成效。读书何尝不如此？孔夫子说“欲速则不达”（《论语·子路》）；孟子说“其进锐者其退速”（《孟子·尽心》上），俱为切中此弊之高论。譬如十天的路程，一定要两天走完，必然人困马乏，仍难达到目的。宋朱熹于此解释说：“进锐退速，其病正在意气方盛之时，已有易衰之势，不待意气已衰之后始见其失也。”（见清周永年辑《先正读书诀》引）这讲得尤其深刻，揭示了“进锐退速”的思想根源。

清朝康熙年间有个福建人伊元复，写过一篇《读书说》，着重谈的是怎样读经史。他把九经（《周易》《尚书》《诗经》《春秋》三传、《礼记》《论语》《孟子》）和《国语》《战国策》《汉书》《资治通鉴》等几部史书的正文或注，一一算清了页数，并仔细分配了一年的时间，除去吉凶庆吊祭祀和节日，以净剩的三百天，一半读经，一半读史，读经每天限三页，读史每天限二十页。他认为照这样来读，天资高的人，用三年的工夫就能读完这些书。资质差些的用六年，再差的用九年，也能读完。

伊元复所提的这些书，虽然今天我们并不一定要读，但这样严格规定读书时间与进度，持之以恒的精神，却值得我们学习。自己根据实际情况订出一个功课表，每天按一定的时间和进度读书，细水长流，不断积累，不知不觉地就长了学问。每天读两小时书，看几篇文章，不论怎么忙，都并不难做到。好高骛远，急于求成或一曝十寒，缺乏恒心毅力，都是不行的。

读书不仅要有恒持久，还得有明确的目的，分清主次，区别缓急，不能平均使用力量。有重点地熟读和背诵，是必要的。比如想学好古典文学，每天背两首诗或一篇短文，用不了多少时间。长篇的文章不妨节选熟读，分段背诵。出声朗读，是领略文意、加深体会的很好办法。对原作的词义、语气、情味、文章的层次、转折等等，都可以通过抑扬顿挫有节奏的朗读而表现出来，收到只凭“目治”难以得到的效果。例如唐韩愈的《送董邵南序》，前人谈朗读的，多以为例而言，其第一小段是：“燕、赵古称多感慨悲歌之士。董生举进士，连不得志于有司，怀抱利器，郁郁适兹土，吾知其必有合也。董生勉乎哉！”这里的第一句，就应该以三个顿挫来读，“燕、赵”一顿，“古称”提起，“多感慨悲歌之士”，加重语气。“董生举进士，连不得志于有司，怀抱利器，郁郁适兹土”连续叙述，语气平缓；“吾知其必有合也”，作判断语；“董生勉乎哉”五字语兼提醒、勉励；自应分别轻重，以不同语气读出，始合文意。这样的朗读练习，对阅读、写作都大有帮助。读五遍，胜过看十遍，不仅加深理解，而且增强记忆，可以长久不忘，由心运用。另外像欧阳修《昼锦堂记》的“仕宦而至将相，富贵而归故乡”的两个“而”字，表示文气、语意的转折递进，非重读难见其妙。王安石的《读孟尝君传》，不过短短的八十九个字，而语气数变，波澜叠起，仔细玩味，可以得到朗读音节的三昧，并悟出议论文的作驳论的原则。三国魏董遇云：“读书百遍，而义自见。”（见《三国志·魏·王肃传》注）就是强调“读”的作用的。

有人说唯古文可以朗读，白话文即读之无味，其实不然。1982年知识出版社出版的《丰子恺漫画选》，有叶圣陶先生的《子恺的画》一篇代序，记与子恺先生的交谊和与朱佩弦（自清）先生等人共看子恺画时的回忆等等，结尾一段云：

> 第二本画集里还有好些幅工整的钢笔画。其中的《挑荠菜》《断线鹞》《卖花女》，曾经引起当时在北京的佩弦对江南的怀念。我想要是我再看这些幅画，一定会像佩弦一样怀念起江南、怀念起儿时来。扉页上还有一幅钢笔画，画一个蜘蛛网，粘着许多花瓣儿，中央却坐着一个人。扉页背面印上了两句古人的词：“檐外蛛丝网落花，也要留春住。”这样看来，蜘蛛网中央的人就是子恺自己

了。他大概要说明，他画这些画，无非为了留住一些刹那间的感受。我连带想到，近来受了各方面的督促，常常要写些回忆老朋友的诗文，这就有点像子恺画在蜘蛛网中央的那个人了。

这篇代序，我看了一遍，觉得文情并茂，极有趣致。这是把记人、评画、旧游、新感等等，非常自然地结合在一起来写的，想见信手拈来，毫不费力，真乃修养高深、炉火纯青的表现。这段结尾，尤其富于含蕴。我看罢全文，复把结尾一再朗读，又从文字的句法、音节、语感等方面进一步体会出作者对朋友的真挚情谊及其言尽而意不穷之妙。可见文章之是否宜于朗读，不在文言与白话，而在于内容与写作技巧如何。

配合朗读和背诵，还可以适当地抄一点书。据说唐代的柳公绰从中进士到做地方行政长官，一直抄书不停。九经、三史（《史记》《汉书》《后汉书》），他抄过一遍，《南史》《北史》，他抄过两遍。宋苏轼在贬官外地时，也曾抄过两遍《汉书》。我少时在老师的指导下，结合练小楷，亦将《诗经》《左传》与《四书》全部抄出，装订成册，并配了蓝布书套，置之案头，以为学习成绩之一种。这三套书虽皆毁于动乱的十年，其中内容至今犹多能背诵，得归于当初的抄写之功。今天我们当然没有必要整本地抄什么书，但把阅读时自己认为重要的部分摘录下来，确实是个好办法。

2. 记性与悟性

根据上文所谈，可见读书需要记性，即记忆的能力，要把读过的东西牢牢记住，吸收消化，变为营养，以充实自己，才有用处。读书还需要悟性，即理解、领会和联想的能力，要把已经熟悉的东西比较、分析、归纳、概括，据已知而悟出未知之理，以扩大自己的知识面，深化自己的认识能力，才能成为通人。只有记性而无悟性，一味死读书，知识各自孤立，不能以点带面，通过思考而使之联系起来，往好里说，不过成为一个书橱。例如解放前，我认识一位老中医，熟读医书，深知药性，《内经》《伤寒论》之类经典，多能背诵如流，张口即来。而谈及中医医理，却枝枝节节，不能贯串；临床治病，亦每墨守成方，甚少变通，即为记性与悟法未能相应之故。只有悟性而不肯努力勤读，记诵的功夫跟不上，缺乏分析、概括的依据，那就辜负了自己的聪明，成为一个空头。记性，关乎学力；悟性，关乎天资。学力差，须倍加勤奋；天资差，可以学力补拙。两者一定得密切结合，才能见出成效。

不过记性和悟性，也需要训练和启发。清康熙间的李光地于此有很好的解释和比喻，他认为可用精熟一部书的方法来训练记性，启发悟性。不拘大书、小书，若能读得烂熟，懂得透彻，这部书就是根基，可以据此去领悟其他书中的道理。比如领兵十万，必有几百个亲兵、死士；交友多人，必有一二个意气相投、肝胆相照的知己。这样，亲兵又各有自己的亲近之人，知己又各有自己的知己，“因类相感，无不通彻”。（见《先正读书诀》引《李榕村集》）这段话讲的正是记性与悟性相结合的道理。我从前读《史记》，很喜欢《魏公子列传》，对信陵君的礼贤下士，终得其用，破秦兵，解赵围，颇为佩服。除去先从头至尾地细读全篇，遇到不懂的字词语句，查检辞书或请教高明之外，还把“魏有隐士曰侯嬴”那一段背过，随后又朗读一遍，思考一番。如此诵读，思考多次，对这篇列传有了较深刻的印象，记住了它的主要内容。接着又读《刺客列传·荆轲传》，觉得其中所写的表现人物思想品质的典型事例，与《魏公子列传》相似，各有精彩的片段，而剪裁材料，安排顺序，则同中存异，连接都很自然。过一段时间，消化消化，再看《史记》内的其他列传，又由《史记》的列传，推广到《汉书》《后汉书》《三国志》《晋书》等几部史书的列传，渐渐于列传的体例有了概括的认识，能够掌握要点，把有关的知识贯串起来。这正是李光地所说“同类相感，无不通彻”的道理。孔子云“温故而知新”（《论语·为政》），指因温习旧业而增加新知，亦与此意同。不过，近年照我的理解，这句话还应该包括“对于旧业，因重加温习而获得新的认识”的意思。例如《庄子·养生主》的“庖丁解牛”一节和陶渊明的《归去来辞》等名篇，解放前后，我曾给中文系的学生讲过多次。现在复读两文，于其哲理之幽深，行文之奥妙，有较深的体会，感到从前所讲实在太肤浅。这种对旧业的重新认识，也可以说是“温故知新”。学无止境，每个人俱当不断追求，眼力和学力之与年俱进，是不待言的！

这里再归纳前面所谈要点来说，略读可以粗观大意，不求甚解，目的在于涉猎浏览，使自己多知多懂，有较广的知识面，逐渐成为“杂家”。精读一般是在略读的基础上进行，目的在于求深求通，从对一本书、一篇文、一首诗的钻研，有所突破，打通读一个时代的书或一类作品的门径。因此必须对作品的思想内容、人物事件、篇章结构、文字训诂等等，彻底通晓，即一字一句，也不能放过。以此积累，逐渐成为“通人”和“专家”。这本书的特点是什么，哪些内容对我有启发，哪些材料有用，俱属“读书有得”，应该随手记录；或写入小册，或载之卡片，都要立即动笔，不能迟疑。否则，放下书本，再找即难。苏轼诗云：“作诗火急追亡逋，清景一失后难摹。”作诗写景，机不可失，要紧急得像追捕逃亡一样；记材料之刻不容缓，也是如此。

不论精读或略读，都应养成写读书笔记的习惯。或作一本书的内容提要，记下作者时代、内容章节、版本流传以及自己的心得评论，或随意写一些心得感想，均无不可。清人李慈铭的《越漫堂日记》，大部分为读书笔记，颇有学术价值，足资借鉴。做卡片有两种方式：一种是全抄原文，一种是记下书名、小题和版本页数，以待用时翻检。如果书在己手，后一种办法可省时间。否则还是全抄原文为妥。这里再举一例，说一下如何精读。

> 《世说新语·轻诋》：简文与许玄度共语，许云举君亲以为难，简文便不复答，许去后而言曰：“玄度故可不至于此。”《注》：按《邴原别传》，魏五官中郎将尝与群贤共论曰：“今有一丸药，得济一人疾，而君父俱病，与君邪？与父邪？”诸人纷葩，或父或君。原勃然曰：“父子一本也。”亦不复难。君亲相校，自古如此，未解简文诮许意。

要读通这段文字，得把正文和刘孝标注中提到的人物谁某，哪些是对话，哪些是叙述，哪些是按语以及其中个别词语的含义，都搞清楚才行。简文，指晋简文帝司马昱；玄度，是许询的字；魏五官中郎将，指三国魏曹丕（文帝）；邴原曾在曹丕手下做长史。《轻诋》篇记简文帝与许询谈话，许以君父并举，认为难分轻重。简文并不回答，只在许询走后说："玄度不应该这样不明白。"刘孝标据《邴原别传》，举出一件类似的事，记邴原的话，只有"父子一本也"一句，认为以父为重，乃是天经地义，无须辩白。

"君亲相校"以下三句话，都是刘孝标的按语，谓简文讥诮许询的意思不明确。"难"，设难题争辩，驳诘；"校"，比较；"纷葩"，各抒已见，议论纷然，如群花竞放，这是一个富于形象性的新词。人事俱明，词语尽晓，对这段文意，就透彻了解，毫无疑滞了。刘孝标的注，对《世说新语》，或补充引申，或辩白驳斥，与本文互相映发，实际等于另一部《世说新语》。读《世说新语》，参阅注中论叙，可以更见情趣。

总之，精读的重点在于"通"：融会贯串，闻一知十，举一反三，触类旁通，由此及彼。如唐朝的张旭善作草书，因见公孙大娘舞西河剑器，从其飞舞顿挫之中，悟出了笔法，而书益精工；吴道玄（即吴道子）擅长绘图，因见裴旻将军舞剑，变化无常，联系到画理，而画更大进，这都是触类旁通的范例。近代名画家吴昌硕（俊卿）学识渊博，长于文笔，书法篆刻，独步一时，所作花卉，苍劲雄浑，形神两得，融诗书画刻于一炉，其特点也在于一个“通”字。他虽然自己说“五十学画”，从事丹青甚晚，实际他文学功深，书法精妙，篆刻卓绝，以其造诣移之于画，本无不能，早就具备了作画的条件；而且三十以后已经开始作画，“五十学画”不过为自谦之辞，认为以前所作，不足言画而已。京韵大鼓歌王刘宝全，早年学唱京戏，后来改习大鼓书，而把京戏的唱腔适当吸收，并兼取其他曲艺之长，熔铸贯通，自成派别，蔚为一代宗师，亦以能“通”、善“化”而有成。这种“通”和“化”，正是我所说的“悟性”。读书与治艺，都特别需要类此的举一反三的“悟性”。

前面谈过的朗读与背诵，亦为精读中的重要部分。作品中喜怒哀乐的感情，高低起伏的文气，可以通过朗读而更好地显现，借以深化对内容的领会。诗文佳作，背诵如流，更是一种不可缺少的基本功。有几百篇名作烂熟于胸，张口即来，才能得心应手地运用，为阅读和写作打下坚实的基础。

略读与精读二者的目的、方法各异，而表里为用，缺一不可。没有由略读而取得的广泛知识，不可能进行专业研究；不作精读和深入钻研，则略读所获，泛滥无归，不能集中到一点，只不过成为一种万金油，用处不大。“记”是积累知识所必需，为“悟”的物质基础，不能走马观花，过目即忘。“悟”是深化知识和扩大知识面所必需，为“记”的理性总结。两者的关系，亦属相辅相成，密不可分；只能并重，不能偏废；而“悟”比“记”更得动脑筋，费思考。

3.“三馀”与“三勤”

读书需要时间，编辑工作忙，不大可能有整天的闲工夫来阅读书史，就在于见缝插针，自己抓紧空隙。前面曾提到的三国魏董遇，精通《左传》，还为《老子》作过训注。他的弟子苦于无暇读书，董遇告以当在“三馀”：“冬者，岁之馀；夜者，日之馀；阴雨者，时之馀也。”（见《三国志·魏·王肃传》注）利用冬日、夜晚、阴雨之时，都是指抓农闲来读书。我认为今天我们的“新三馀”应该是：工作之馀，指上班的八小时以外；娱乐之馀，指从打扑克、下棋、看电视等等文娱活动当中节约出的时间；休养之馀，指休假和养病的空闲。只要是有心人，都可以利用这“新三馀”来读书，再有困难，也应尽力克服。

精读必须做到“三勤”：勤查、勤问、勤记。遇到不认识的字、不懂得的词、不知道的成语掌故和典章制度等等，要随时利用各种工具书和有关的书籍来查检；有自己不能解决的问题，就向别人请教，不耻下问，一字为师；勤做笔记，更为治学所当务之急，懒怠因循，不求甚解，是不行的。除去“三勤”之外，应该另加“三以”：（1）勤以补拙：用加倍的勤勉，来补自己资质的不足。《礼记·中庸》云：“人一能之，己百之；人十能之，己千之。”正是这个意思。别人聪敏，一学即会，我加上百倍、千倍的努力，急起直追，不愁赶不上。这种刚毅的精神，每个人都应以之自勉。（2）恒以持久：要有恒心，克制急躁情绪，逐日读书，细水长流，决不间断。“其进锐者其退速”，时刻引以自警。（3）熟以见巧：积累功深，自然学业日进，熟以见巧，正是前两“以”的必然结果。如果能以这种精神来学习，即使资质较差，也一定会有成绩。

4. 关于书目

近几年来，常有人问，自学文史，应该读哪些书，怎样分先后？这个问题，很难回答。因为每个人的工作、年龄、语文基础和读书要求都不一样，自然无法提出对谁全适合的书目和阅读顺序。虽曾应几家报刊之约，就此发表过数篇短文，谈谈自己的粗浅看法，并试着开列一些书目，但我自己觉得很不满意。现在仍然是“卑之无甚高论”，没有什么新见解，只能还按一般中等水平，作为举例来说一下。读史书，可先看今人著作，如范文澜的《中国通史》、翦伯赞的《中国史纲要》、邓之诚的《中华二千年史》等。前两书以新观点叙述史实，容易理解；后一书多征引旧史，材料丰富，自具特色，宜与前两书参看。古籍可先看宋司马光主编的《资治通鉴》。这部书把从战国到五代的旧史，进行摘抄、重编、改写，成为一部以年为经、以事为纬的编年史。凡读《史记》《汉书》《后汉书》《三国志》直至新旧《唐书》和《五代史》，遇到难懂费解之处，对照看一下《资治通鉴》，往往就能弄清事实。这是由于《资治通鉴》的叙述多能删弃繁芜，贯串首尾；旧史的文字多经剪裁、润色，突出了主要内容，所以格外显得清楚明白。比如我们研究东晋元帝（司马睿）即位的经过，以《晋书·元帝纪》与《资治通鉴》对看，即可见出《资治通鉴》的剪裁之功。

读现代散文，我认为宜先取叶圣陶、朱自清、丰子恺的集子。这三家的作品，大都文意俱精，辞采优美，又各有特点和自己的风格。叶圣陶的简洁清新，朱自清的婉约细腻，丰子恺的潇洒自然，俱属大家风范，可见修养之深醇。叶圣陶的《子恺的画》一文，我在上节已经推荐，真值得一读。朱自清的《背影》与《荷塘月色》，久为教材，流传众口。丰子恺的《缘缘堂随笔》，从前也几乎是人手一编。1981年上海文艺出版社出版的《丰子恺散文选集》，编选亦精，佳作甚多，信笔抒情，每含哲理。其中的《辞缘缘堂》《白鹅》《湖畔夜饮》诸篇，皆情趣隽永，耐人寻味。与叶、朱二家之文，全足为楷模，决无流弊。

学古文，可用《古文观止》为入门读物，以《昭明文选》为补充后备。《古文观止》所选，俱为有代表性的名篇；《昭明文选》采录作品，自汉魏以迄齐梁，包罗广泛，各体皆备，唐人李善的注释，亦可资参考。从这两部书内，依自己所好而阅读，就取之不尽，无须他求。不过，《昭明文选》里“赋”的一类，罗列过多，其辞藻华丽而内容空洞者不少，不值得费工夫去看。林纾选评的《古文辞类纂》，去取颇有眼光，讲析亦多精当，并介绍各种文体，发扬传统文论，对自学者有辅导的作用，可补前两书之不足，应该重视而研读。这部书现有浙江古籍出版社1986年出版的校点本。学旧诗，先由《唐诗三百首》略窥门径，然后根据自己的需要，去看各家的专集，循序渐进，比一上来就读专集，效果要好得多。近人选注之本，当然亦便初学，但各书质量不一，必须选择。1957年上海古典文学出版社出版的潘伯鹰《黄庭坚诗选》，是一个质量很高的选本，注释甚精。它不像某些注本那样孤立地解说词语，堆砌典故训诂，而是密切结合内容来作扼要的说明，还特别注意对每首诗的表现手法、艺术特点做具体的分析，使读者能通过作者的思路来体会全诗的情韵，确实非常高明！不真懂诗，不会赋诗的人，选注古诗，多如隔靴搔痒，是做不出这样高水平的注释来的。挑选诗文注本，不妨以此来比较优劣。读词，亦以用今人选注之本为宜。如1979年人民文学出版社出版的俞平伯《唐宋词选释》，选材既美，注释尤能以简驭繁，片言扼要，足为阅读的指南。

上文所述，只是略见一斑，难于全面。书目须经选择，阅读也得讲究方式方法，自可因人而异，没有死规矩。不过，所说“精读”，必需读“通”、读“透”，不容有半点含胡，却是任何人，读任何书，都应该明确要求自己的。这其间，良师的启蒙，益友的商讨，当然也必不可少。若是一上来就读得似通非通，有如“半瓶子醋”，弄成“迂夫子”，食而不化，就很难救药。读书愈多，受害愈深。这和个人的资质、师友、环境等等，都有关系，不是几句话说得清楚的。

第三节　练笔

——写稿与改稿

一、写作的原则与常识

1. 体裁和模式

阅读与写作的关系如何，怎样提高写作的能力？也是大家常谈的问题。近年不断有人询及，或举杜甫《奉赠韦左丞丈》诗中的“读书破万卷，下笔如有神”两句来问：“是不是说书读得多了，自然就能写出好文章来？怎么有的大学生，也写不好一篇短文？”照我的体会，杜诗的意思是指勤读博览，见多识广，积累丰富，写起来就容易内容充实，辞采不凡；并不是说书读得多了，就自然能写出好文章。不做有意识的、经常的、认真的训练，还是不行。我们可以说：阅读为写作的基础，写作乃阅读的实践，两者的关系，密不可分。但读书并不能代替练笔，学历也并不等于写作能力。中学生文字不通顺，甚至大学文科毕业生连一封信都写不好的，主要由于在写作上缺乏认真、积极的训练，所以表达能力和他的读书多少，不成正比。编辑整天从事文字工作，在这方面的要求，应该更高。而有人能写，有人不能写，和他的编辑经验并不相应，原因亦在于读与写的不统一。所以读书和练笔必须并重，不可偏废。

一般说来，是“文无定法”，可以因人而异，因篇而异，抒写由心，不拘一格。但就一种体裁而论，也得大致有个规模准则，不能完全采取“自由式”。即使作者才大如海，也不能任意泛滥，超越堤防。苏轼在《文说》中云：

> 吾文如万斛泉源，不择地而出，在平地滔滔汩汩，虽一日千里无难。及其与山石曲折，随物赋形，而不可知也。所可知者，常行于所当行，常止于不可不止，如是而已矣。其他，虽吾亦不能知也。

苏轼以泉源为喻，说明文思丰富虽如泉涌，也要加以制约，使之适应主题的需要，当详则详，当略即略，随机处置，各得其宜。这段话讲得相当深刻，对我们颇有启发，可以视为写作的普遍原则和理论基础。例如《史记·刺客列传》写荆轲刺秦王一节，前叙易水送行，悲歌慷慨，荆轲上车而去，以“遂至秦”一语过渡下文，于沿途经历，只字未书，而详记秦王宠臣蒙嘉在接受燕国贿赂后向秦王的进言。接着是秦舞阳入宫，“色变振恐”，有失常态，于是又具体写出荆轲遮掩其事的笑谢之语：“北蕃蛮夷之野人，未尝见天子，故振慑。愿大王少假借之，使得毕使于前。”下面即细致描绘献图行刺的情景。当写的写，不必写的就一笔带过，繁简得当，生动如画。正是苏轼所说的“行于所当行”“止于不可不止”。可见我们平日阅读各种不同内容与形式的作品，在体裁特点与写作方法方面，随时有取法借鉴的机会。实际古人编选诗文，详辨类别，主要就是为给读者提供文体常识，以便于写作的遵循、摹仿。《昭明文选》分各体诗文为三十九类，《古文辞类纂》分古文为十三类，多就其不同作用，细加区分。简略言之，则文章不过记叙、说明、议论三大类，诗歌不过乐府古体和格律近体两大类而已。1926年开明书店出版近人夏丏尊、刘薰宇合编之《文章作法》一书，分记事文、叙事文、说明文、议论文、小品文五类，已较前人所分简化，但“记”与“叙”可以合并，小品文亦不妨包括在三大类之内，不须另列。分类过于烦琐，容易使人困惑，不如粗举大端，掌握要略为好。说明文是一种客观地说明事物、事理的文体，名称始于近代。辞书条目的解释，多为说明文，如《辞海》对于“原子能”“原子核”诸条的解释，即属此体。但这一名称，现已久无人用。至于同一大类的文章，而体制有异，写法各殊，则只应在阅读时细加辨析，执笔时灵活运用，不须多立名目了。

写作能力，乃逐步培养而来，在掌握了用词造句的基本规律、了解作文一般的篇章结构之后，还得经常广泛而深入地阅读，同时配合有计划、有步骤的写作训练，才能渐有进诣。这其间，对各代大家的名篇佳作，仔细揣摩，以熟悉各种文体，作为习作的模式，非常重要，应以极其严肃认真的态度来进行研究。近年常见报刊发表一些旧体诗词作品，七言四句，即署为“七绝”；七言八句，就题为“七律”；而失占出韵、平仄不调，根本不符合近体诗格律者，实占多数。其标出“念奴娇”“沁园春”等词牌之作，亦往往除字数相同之外，无一合于填词的要求。这就给青年读者造成一种错觉，认为旧体诗词，人人可作，无须学习。倘若此类作品，为知名之士的手笔，即流毒更广，纠正愈难。编辑同志，于此必须具有真知灼见，始能把住关口，不使谬种流传。

写新闻报道，要具备时间、地点、人物、事件四个要素，以前尽人皆知，可是近年常见报刊所载通讯，不写地点。例如1984年北京功德林素菜馆开业，某报作了详细的报道，说明其餐厅布置如何清雅，菜肴如何丰富，非常具体。但对这家素菜馆的所在地却一字未提，连个区名都没写，这叫读者到哪里去找？该报另一条通讯，介绍某西餐馆新增西式快餐，几分钟就能吃上。这自然方便得很，非常想去品尝一下，也因从头至尾把全文看了几遍找不到地点而废然作罢。其他如某某老饮食店重新开张，保持原来的品味和风味；某某商店改变经营方式，服务态度好转等等小消息，虽列有东城区、西城区字样，似较上述报道之全无地址者稍胜一筹，实际读者仍然无法踏遍全区去搜寻一家商店。又如发表图片，不与报导配合，或图插文旁，而与本文毫无关系，另为一事者，亦屡见不鲜。其只有图片而说明笼统者，也不在少数。前几年某报登出一张照片，说曾受迫害的个体户王莹，已经恢复营业，正愉快地给顾客称水果。这在没见过从前有关王莹事情报道的人看来，自然莫名其妙，难知地址。即使曾见报道，也无法记住此事见于何年何月何日的报刊，地址何在。在图片说明中交代一下事载某日报导和王莹的营业地点，这在记者是“惠而不费”的一举手之劳，读者却受益不浅，不致摸不着头脑了。

上述毛病，是忽略了新闻报道的特点所造成，可见了解各种文体的重要性。又如传统的书信写法，一般是开头致问讯，中间叙正文，末尾问安好，现在仍多沿用。而昔时于对上、对下、对平辈，措辞用语，皆有区别；行款格式，也很讲究；变格省略，不作三段式者，亦往往有之。中青年同志阅读古代书信，于此多不能理解。前两年《文史知识》月刊，曾约我撰《略谈中国古代的书信》一文，在该刊发表，以回答一些读者的提问（文见本书第六章）。这亦足以说明编辑应该把辨别文体、掌握格律当作一个基本的课题，在这方面下一些功夫，以适应审稿和写作的要求。

研究文史、诗词作品的体裁，自然可以适当地参考一些专书，如梁刘勰的《文心雕龙》、唐刘知几的《史通》、明徐师曾的《文体明辨》、清人所编《词谱》以及今人有关文体与诗词格律的著述，作为理论的指导，但仍应以选读历代大家有代表性的名篇，仔细阅读玩味为主。从丰富多彩的大量作品中，观摩借鉴，掌握体裁的特点，探讨写法的变化，其熏陶渐染之功，不是专看理论书所能得到的。有所体会，就马上自己动手，练习写作，有如“趁热打铁”效果更好。这样，一面读书，一面练笔，双管齐下，读写并行，“眼力”与“笔力”必能相应提高，减少差距。至于作品，不妨从《昭明文选》《古文辞类纂》等书之中，按类选读；也可以由各家专集中随所好而择取，无须拘泥。例如韩愈的《送董邵南序》与《送孟东野序》，俱为向人赠言的所谓“赠序”，而结构迥异，写法不同。《送董邵南序》以“燕赵古称多感慨悲歌之士”一句起头，随即提到董生，展开叙议；《送孟东野序》用“大凡物不得其平则鸣”的泛论引首，然后因物及人就“鸣”字征引、论述，最后才提到孟东野，说明赠言的用意。足见文章虽各有体裁，写作并无定法，尽可根据自己的思路层次和内容需要而随宜变化。一般说来，为书籍作序，多就书论书，谈与著作有关的事情。而宋代著名女词人李清照所写的《金石录后序》则打破常规，别开生面，讲《金石录》本身的，不过寥寥数语，而由书籍之得失聚散，写人世之离合悲欢，感慨淋漓，文情跌宕，使这篇书序成为自己的生活经历和丈夫赵明诚生平事迹的回忆录，就此展开了较广泛的社会面，表现出北宋末整个动乱黑暗的时代。而且全篇内容，皆从《金石录》生发而来，不离作后序的本题，所以妙绝，真不愧为大手笔！这篇文章，可使我们悟出许多写作的道理，主要是内容决定形式。没有李清照如此高深的文学修养和真挚的感情，是写不出这样的作品来的。

2. 立意与炼词

在日常工作和生活中，无论发言或撰稿，皆须以“意”为主，首先要有自己的见解。犹如盖房之必须先具蓝图，始能施工兴建。说什么话，达到什么目的，都得不违此“意”，贯串始终。“立意”既定，中心明确，才能展开叙述和议论，把主要意旨表现出来。因此构思立意，是撰文的基础，极其重要。即开会发言，略陈己见，也得先立个“意”再说，始不致成为废话和空话。参加讨论，常常有人信口拉扯，说着颠三倒四的重复话，直到最后，仍然不知所云。或者一开头就说：“刚才某某同志已经讲得很清楚了，现在我再补充几句。”既然别人已经讲清楚了，你还补充什么？如果确有未尽之意，不妨直截了当地提出，用不着加开头的套语。这其实也还是由于缺乏明确的说话主旨而形成的滥调。

相传唐人王勃为文，先是磨墨数升，蒙被而卧，然后忽然起来，纵笔直书，文不加点而成，时人谓之“腹稿”（见唐段成式《酉阳杂俎》前集十二《语资》）。宋人文与可（同）画竹，也是要事先酝酿，等到“胸有成竹”，然后疾挥迅扫，有如兔起鹘落，顷刻间竹枝满幅。这两人全是“意在笔先”，有个构思立意的过程，思致既精，文情始茂。不能认真立意，有独到的看法，是很难写出内容清新的作品来的。

文意确定，就得考虑怎样说法，如何说起。这里试举王安石的《读孟尝君传》来谈一下：

> 世皆称孟尝君能得士，士以故归之，而卒赖其力以脱于虎豹之秦。嗟乎！孟尝君特鸡鸣狗盗之雄耳，岂足以言得士！不然，擅齐之强，得一士焉，宜可以南面而制秦，尚何取鸡鸣狗盗之力哉！鸡鸣狗盗之出其门，此士之

所以不至也。

战国时齐国的孟尝君以好客著称，他曾出使秦国，为秦王所扣留，其手下之客有善为狗盗者，从宫中盗出已先献给秦王的价值千金的狐白裘，给秦王宠幸的妃子。仗妃子之请，秦王放孟尝君回国，不久又悔而追之。照秦国的法制，鸡鸣才开关放行。孟尝君虽到关口，鸡尚未鸣，而追者将至，幸而其客有善为鸣鸡者，一鸣而群鸡皆应，遂得出关逃归。后之论者，称孟尝能“得士”，善于网罗人才，常举此事为例。王安石不同意这种看法，立意著论，说明孟尝君并不能真得贤士。此文首句以“世皆称”三字领头，举一般的论调和例证，作为驳斥的根据，然后用慨叹的语气，陡然翻转，提出异议：“嗟乎！孟尝君特鸡鸣狗盗之雄耳，岂足以言得士！”他认为孟尝君不过招致了一些鸡鸣狗盗之徒，成为这些人的头脑，根本请不到真正的贤士。随着申述理由，从反面表明自己论断的正确：“不然，擅齐之强，得一士焉，宜可以南面而制秦，尚何取鸡鸣狗盗之力哉！”如果以为所论非是，那么，以齐国之强大，真能得一贤士，任为将相，必可出谋划策，克敌制胜，哪里还需要鸡鸣狗盗之徒的效力呢！这一论断确极高明，有独到的深刻见解，足以使人信服！末尾又推究孟尝君不能得到真正人才的原因："鸡鸣狗盗之出其门，此士之所以不至也。"进一步显示自己论断的逻辑性，把要说意思发挥得酣畅淋漓，十分圆满。

这篇文章的可取，首先在于立意新颖，不同泛泛；其次是用词措语，锤炼极精，几乎到了不能增减一字的程度。所以篇幅虽短，而议论风发，波澜叠起，结构严谨，层次井然。"嗟乎""不然"等语，关联转折，递进自然，有很强的逻辑性和说服力，真是掷地可作金石声，为议论文中精炼简洁的典范。《文心雕龙·宗经》所说"辞约而旨丰，事近而喻远"，就是内容丰富、文字精练而且说得深入浅出的意思。

把短话拉长，就像用短篇小说的材料写成长篇一样，即使有华丽的词藻装点，也不过是个绣花枕头，难掩内容贫乏的致命伤，为行文的大忌。近年所见电视剧，如日本的《阿信》、墨西哥的《诽谤》等等，即皆着眼于生意经，特地拖长情节，琐碎繁芜，实在可厌！《颜氏家训·勉学》云："问一言辄酬数百，责其指归，或无要会。邺下谚云：'博士买驴，书券三纸，未有驴字。'使汝以此为师，令人气塞。"问一句话，就回答几百句，而支离杂乱，不得要领，如何能做别人的老师？博士应该工文，善于裁剪，可是立一个买驴的契约，竟自废话连篇，写了三张纸，还没提到正事，未见驴字，岂不可笑！唐白居易撰《有唐善人墓碑》，赞美李建“前后著文凡一百五十二首，皆谐理撮要，文无枝叶”。可见作文能够突出重点，删弃繁芜，并非易事，值得称道。“枝叶”就指的是啰嗦无用、不该写入的部分。而文多枝叶，往往是由于“立意”不精，漫无中心，而不免胡乱拉扯的缘故。当然我们不能以王安石的学问见识和文字修养为标准来衡量今天的所有编辑，但说得短些，写得精些，大概还不算过高的要求吧！

文章各有体裁，写法自不能一概而论。但篇幅愈短，写好愈难，则所有作品，并无二理。尤其是诗词中的绝句、小令之类，全篇不过数语，若无精意新解，即不易工。如前面谈过的翁同龢，不仅以书法著称，所作山水，亦饶雅韵。旧时曾见其墨画小景于扇头，远岫疏林，竹篱茅屋，古拙简劲，意境极佳，上题一绝句云：“精庐一角占山村，时有幽人来叩门。莫泥浪仙旧公案，老夫诗画本无痕。”所谓“浪仙旧公案”指唐贾岛（字浪仙）作诗“推敲”的典故，为众所周知。翁同龢说自己的诗画，随意挥洒，本无痕迹，所以不拘泥于贾岛的“鸟宿池边树，僧推（后改“推”为“敲”）月下门”之句的“推”与“敲”，而偏偏说“叩门”。从一个“叩”字上翻出新意，显示襟怀，口气甚大。可见翁同龢高深的艺文修养。又咏物诗号称难作，必须切合本题，又不过于黏滞，富有含蕴，耐人寻味，始为佳制。已故著名书法家吴玉如（家禄）有咏红叶一绝云："丹黄杂树郁斓斑，秋士情怀别样酸。最是经霜憔悴色，人间偏作画图看。"其咏红叶，固已确切不移，而语意双关，感慨甚深，后两句翻新警切，尤为不凡。在咏红叶诗中，可谓别开生面，能够创新之作。

总之，"言之有物"，系于立意；表达得当，则关乎用词。我曾把作文的一般要求，简略地概括为这样的二十四个字：内容丰富，深入浅出；详略适宜，论述具体；简洁流畅，文无枝叶。在这样的基础上，再进一步探讨钻研，以求提高。而行文时首先应该尽量删去可有可无的字、句、段，一句话能说清楚的，决不写两句。在同一段内或上下句之间，要极力避免用重复的字词和相同的句式，使之语意精炼，音节抑扬，长短错综，富于变化。如此，别人才爱看爱读，不致生厌。

3. 行文和修改

立意之后，大局已定，如何表达，仍费思考，要写提纲，分段落，安排层次，区别详略。使准备好的材料，各就各位，随即放笔直书，文不加点，一挥而就。写完再通读全篇，细加修改。有人不知此意，一开头就写一句改一句，阻塞思路，影响情绪，最要不得。至于应付限定时间的命题作文，如下考场之类，自然无暇细写提纲。但也需要理清思路，大致考虑一下行文的顺序。否则所写必将杂乱无章，难于收拾。写文章，其实也不妨集中时间和精力，认真地写几篇，倘能突破关口，认得窍门，从此悟出道理，一通百通，就写什么全可以随心如意了。清唐彪在所撰《读书作文谱》内说：

人生作文，须有数月发愤功夫，而后文章始得大进。盖平常作文，非不用力，然未用紧迫功夫从心打透，其效自浅。必专一致功，练作文一二月，然后心窍开通，灵明焕发，文机增长，有不可以常理论者矣。

这段话和我说的意思相近。不过要这样做，得先有充分的准备：选取范文为摹仿的对象，对其篇章结构和行文措辞之妙，深入揣摩；或记叙，或议论，或写景，或抒情，都要有具体的内容和自己的见解，对所借鉴的古今佳作，得“师其意不师其辞”，不能生搬硬套，完全照葫芦画瓢。

初稿完成，再细加修改，非常重要。清梁章钜有一段话说：

百工治器，必几经转换，而后器成。我辈作文，亦必几经删润，而后文成，其理一也。闻欧阳文忠公作《昼锦堂记》，原稿首两句是“仕宦至将相，富贵归故乡”，再四改订，最后乃添两“而”字；作《醉翁亭记》，原稿起处有数十字，粘之卧内，到后来只得“环滁皆山也”五字；其生平为文，都是如此，甚至有不存原稿一字者。近闻吾乡朱梅崖先生每一文成，必粘稿于壁，逐日熟视，辄去十余字。旬日以后，至万无可去，而后脱稿示人，此皆后学所当取法也。

（见《退庵随笔》卷十九《学文》）

梁章钜的主要意思，是指作文要加修改，力求措辞精当，不能草率，勿厌推敲。像“仕宦至将相，富贵归故乡”二句，确实因插进两个“而”字，使语有层次、转折，具“颊上添毫”之妙，因为仕宦不能至将相，富贵不能归故乡者很多，这两个“而”字之显示难能可贵之意，在这里超过了实词的情趣。可见虚词运用得当，有助于文气语意的表达，随便乱加，则效果相反。某笔记云有一位老师见学生作文当用“而”字的地方不用，不应用的时候滥用，就加批语说：“当而而不而，不当而而而，而今而后，已而已而。”虽属笑谈，切中文弊。现在报刊上文章的语句，不是平列连接，不是转折递进，也信手加上“而”字的，所在多有，俱为“不当而而而”，较之欧阳修之增“而”入妙，不能相比。把《醉翁亭记》的开头数十字，大作删除，只概括为“环滁皆山也”五字，亦见欧阳修之舍得割爱，重视锤炼。梁章钜提到的朱梅崖（仕琇）是清乾隆间的古文名家，他的认真修改自己的文章，一丝不苟，也值得我们学习。

古代文学大家，撰文作诗，往往于一字之间，见出深趣，如此者尚多。如晋陶渊明《饮酒》诗之五“采菊东篱下，悠然见南山”的“见”字，就是这样。因为在采菊之时，偶尔见山，所以特别感到悠然。陶诗俗本，有的把“见”字改为“望”字，则似乎有意看山，即意境全非。前人于此，早已论及。至于精心构思，一再修改，或更虚怀听取别人意见的，亦不乏其例。如宋范仲淹写《严先生祠堂记》，歌颂东汉的隐士严子陵（光），给南丰李泰伯看。李泰伯非常赞赏，认为此文必传，但指出其结尾歌词“云山苍苍，江水泱泱。先生之德，山高水长”四句中的“德”字太死板，内容有限，建议改作“风”字。这一个“风”字，不只含蕴丰富，而且音节响亮，实在比“德”字要好得多，真可谓“一字师”。所以范仲淹佩服之极，几欲下拜。“先生之风，山高水长”，名句就此流传，不知原作“德”字。又宋王安石的《瓜洲夜泊》一绝："京口瓜洲一水间，钟山只隔数重山。春风又绿江南岸，明月何时照我还。"古今熟诵，不逊前句。据说"春风又绿江南岸"的"绿"字，王安石原写作"到"，觉得不好而改为"入"，仍不满意，几经斟酌，始改定为"绿"。暮春三月，草长莺飞，处处一片青葱，多么美丽的江南景色！这一个"绿"字，形象鲜明，能引起读者无限遐想，使整首绝句都活跃起来，真乃诗人之笔，改得妙极！一个字的工拙优劣，似乎所差无几，而效果相去不啻霄壤了。

上面举例，虽就文学作品而言，但其理一样可以推广适用于日常的写作。文章写完应该仔细通读，认真修改，除去删掉重复、剪去枝蔓之外，必须注意这几个方面：（1）突出中心：看看文章表达的中心意思，是否明确充分；所讲道理，是否深入浅出；所叙事实，是否交代清楚；使之集中一点，毫不含胡。（2）调整章节：看看章节段落的前后安排，是否合适；当移前的移前，当置后的置后；务使脉络连贯，首尾呼应。（3）增删材料：补不足，去有余。发挥不足的要补充，叙述累赘的要割爱，务求详略得当，合于主题的要求。（4）润色文字：从语法修辞、音韵、节奏等多方面考虑，对全篇的字词语句做进一步的加工，精益求精，不厌一改再改。这样，严肃认真地写一篇，就可以收到一篇的效果，使写作能力有显著的效果，而由此养成的好习惯，能够受用终身。有的人撰文迅速，落笔如飞，而且脱稿即不再看，即使才大也难免粗疏，不足为训。

俗语说“熟能生巧”，读书和作文，也都以“熟”为贵。书熟了，运用随心；笔熟了，指挥如意。不熟就用处不大。阅读为写作的基础，写作为阅读的实践；阅读和背诵，必须结合进行，上文已经提及。这里再补一点来说：读，是背的前提；背，是读的进展；吸收消化，是背的目的；掌握运用，是背的效果。没有读的基础，写不出来；不做写的训练，读的益处，也难见于文笔；二者乃辩证统一的关系，不能偏废。

讲写作方法的书，是否可以看？近年时常有人问及。我认为对此问题不宜做笼统的回答。因为这类书出版甚多，其内容质量的优劣高低，各自不同，有的可看，有的看了没好处，不能一概而论。著者擅长写作，精通文理，则概括前贤教益，总结自己经验，即多能论述中肯，切合实际，为读者提供借鉴，起指导的作用。否则缺乏素养，自不工文，所叙种种，不过蹈袭陈言，拾人牙慧，而故弄玄虚，巧立名目，使读者如堕五里雾中，反而不敢落笔，这就不仅无益，而且有害矣。足见选择阅读，要有眼力。即使其书可看，也不应信之太过，要以平日阅读作品的理解来参照，辨析是非。更应注意的是，只看理论，忽略实践，效果总不会好。以学游泳为例而言，整天听人说蛙式、自由式如何如何，而自己不下水，其难于学成，固不待智者而知。另外，语法修辞的作用，只限于字词语句，学通其理，有益于思维。但应尽量避免烦琐，不要“入”而不能“出”。它和写作方法，都是并不能代替练笔的实践，解决写作的根本问题的。

4. 编写与审订

前面提过的安排有计划、有步骤的写作训练，方式亦多，当先写短篇，以打基础。写信，写日记，写游记，写书评，写读后感，写内容提要，写新闻通讯，写人物传记，把一段古文译成今语，把一首诗改写为小文等等，无所不可。当尽量变换笔路，促进文思，时间长了，定见功力。贵在有恒，不能心急。写信，写日记，为日常生活所必需。从此着手练习，更为简便。我少时上私塾读书，老师就先教我写信、写日记，获益不小。尤其是写日记，可以放开笔任意记叙议论，长短随心，内容不限，最为自由。像李慈铭的《越缦堂日记》之见学问，显文采，固然很好；即记每天的生活琐事，工作日程、亲友交游、函件来往等等，亦可供查检，备遗忘，不为无益。我从十四岁开始写日记，至今年逾古稀，从未间断，每天以毛笔作小楷数行，既记事练字，又学文养心，真是“一举而数利兼焉”。至于写信，特别要求行文的明确简洁，对思路和笔路，都可算基本训练，好处甚大。有一位老师对学生说：“你看别人写信，只要是上下款称呼多的，一说话就呼兄称弟，文字一定啰嗦。”这话真是一点不错，足见写信的要领。不把要说的事情集中在一起，分层叙述；想起一句写一句，就会出现称呼多的毛病。

和编辑工作关系密切的写作项目，如文章标题、书籍简介和广告之类，看似简单，写得恰到好处，亦自不易。标题是文章的灵魂，要有较强的概括性，以精炼的文字把本篇的中心思想和主要内容提示出来。好标题语意醒豁鲜明，能使读者一见就引起阅读的兴趣。如1984年10月18日《羊城晚报》有一篇文章，叙述韩子栋（即小说《红岩》中所写华子良）应沈醉之约，往福建会晤。因沈患病在北京住医院，未得见面。不久，韩也到京疗疾，主动上门拜访沈醉。沈醉很激动，以早准备好的礼物相赠，韩子栋欣然接受。二人共话今昔，非常融洽。此事标题，颇难着笔，文以“相逢一笑泯恩仇”七字标出，运用成句，极为恰当，遂觉举重若轻，不仅切合所叙内容，而且含蕴甚丰，富有诗意，显示了执笔者的文学修养。又1981年第6期《旅游》有署名丁雪萍的一篇文章，标题是：

占湖山之胜　撷金石之华

杭州西泠印社

西泠印社，地处孤山，擅山水之奇，具园林之美，经营金石书画，为文物荟萃之所。正标题表现了这两个特点，上下句平仄谐调，概括简要，虽不是诗，而有诗意，与副标题配合得很好，为读者提示了文章的主要内容，可以一见便知。还有1986年8月10日《北京晚报》的一篇报道，叙述倒卖高价烟的某某，被人以售烟为名骗走巨款，从穿堂门逃去，但骗子旋即被捉，标题以警切之语，为对仗之辞云："走穿堂骗钱者，得手失手；倒高价烟受害人，贪财破财。"报道之事与教育之意，俱括于二语，而且读起来节奏铿锵，声音悦耳，也见出了编辑的高水平。此外，标题与文章不相应者，亦时见于报刊。例如某报所载一篇介绍关肃霜同志的报道，标题即不对头。关肃霜同志是著名的京剧演员，不仅技艺非凡，而且品格高尚，谦虚质朴，处处不以专家自居。还关心群众，乐于助人，多年按月寄钱给一位孤苦的老者，补助生活。言行种种，深可敬佩。想不到这篇报道竟以"是真名士自风流"七字作了标题。这句诗是用来形容文士的脱略形迹、自得真趣的，和关肃霜同志的一切完全搭不上，而且从来也没有以此句说女性的。如此用法，实在不妥！

近于广告性质的介绍书刊的文字，标题更须简明具体，给读者以最扼要的信息，不妨稍带夸张。如一篇介绍《辞源》修订本出版的报道，正标题是：《阅读古籍和研究文史的重要工具书》，首先对这部书做出概括的评价；副标题是：《〈辞源〉修订本一至四册出齐》，接着说明书已全部印行，可以购买使用；对读者最需要知道的事：什么书，有何用处，价值如何，已否出版，都交代得清清楚楚，起了应有的宣传作用。又关于《汉语大字典》的问世，介绍文字，也有很引人重视的标目：

> 古今兼收，源流并重，集国内外汉语字典之大成，集古今汉语文字研究之精粹
>
> 空前巨制，古今纵贯，收字最多，义项齐全，形音有据，用途广泛

这些标目，把《汉语大字典》的规模宏大、包罗古今等等特色，俱已提出，能够显示广告文字的特殊风格，当出于编辑

行家的手笔。

在书籍的内封背面，作简短的提要，介绍本书，办法很好，对读者选购和阅读，颇有帮助。如1982年中州书画社出版的拙著《孔尚任诗和〈桃花扇〉》一书，上有提要云：

> 本书叙述孔尚任的生平；评论孔尚任的诗歌，选释其有代表性的古今体诗多首；介绍孔尚任的《桃花扇》，并注释其原著。
>
> 论述部分，深入浅出，多作具体的分析。注释简明扼要，时有独到的见解；结合串讲，以贯通上下文；于他书失注或未详的词语、典故，都注明了出处。可供具有高中以上文化程度的文学爱好者研读参考，借以得到对孔尚任思想和作品的概括了解。

以一百余字，说明本书的内容，指出论述、注释的独到之处，以及读者对象、本书的用处，介绍相当全面，见出了掌握重点与锤炼文字的功力，极合于这类提要的体裁要求。

为古籍作注释，自然要求更高，以简明扼要，详略得宜，能具体结合本书上下文意，帮助读者理解者为上乘。近年所见古籍注释，大致有两种偏向。一种偏向为介绍人物，则大量摘抄史料，与本文事实无关；言及文字，则极力征引训诂，而不辨本文何义；即皆徒占篇幅，无益读者。如《世说新语·假谲》记魏武帝（曹操）与袁绍劫人新妇事，不过短篇数语，言其奸诈，而注释将《三国志》的《魏武帝纪》所述，几乎全部摘录，连篇累牍，将近千言，有何必要？另一种偏向，则所注过简，应该说清楚的，皆未说明。如注清人笔记，于“孝廉”只云“举人”，而不谈起源演变；于“朱提”只言“银子”，而不说何以得名；这都是需要向读者提供常识，解释缘由的。对词目，摘列失宜，当注不注，不当注而注者，也所在多有。如某部古小说的选注，竟把“睡卧”二字亦摘列词目，注为“躺下来”。如果读者连“睡卧”都不懂，那也就没法看任何古籍了。如此作注，可见心中无数。又迩来所出词典，品种繁多，所注古人条目，多有于其生平经历，照抄《二十四史》，全用文言；于其作品评价，又照抄当代学者著作，全用大白话；一条之中，文字风格，前后迥异，形成两截者，亦为对所见到的材料，不能吸收消化、融会贯通之故。

前面谈及的潘伯鹰《黄庭坚诗选》和俞平伯《唐宋词选释》，选注均精，各有特点，兹摘引《黄庭坚诗选》一首诗的注释如下：

（甲）次韵公择舅（一）

昨梦黄粱半熟，立谈白璧一双。惊鹿要须野草，鸣鸥本愿秋江。（二）

注释：（一）次韵乃是按照别人原诗所用韵脚的次序作诗。李常字公择，舒州人，是山谷之舅。（二）此诗前二句用卢生在邯郸道上，借枕头睡了一觉便过了一世富贵的故事，以及虞卿游说赵孝成王，一见就蒙赐白璧一双的故事。意思说富贵有时来得很容易，但不久长。后二句转过本意来说，既然如此，不如像鹿一样只要有口草吃就行了；像鸥一样，只要能在江上就行了。这一种六言四句的诗，宋朝人多喜欢作。山谷尤其精于此体。除了思想内容的丰富和诗情的醇厚以外，这其中要诀，须将句法炼得坚挺，把不相干的转折字虚字删得干净，这样才能将意思的转折藏在里面，因而耐人寻味。凡研究山谷诗的人，必须首先从这里钻研进去，这是须要细心长期体会的。

这首诗，在初学者看来，不大好懂，应该着重讲解，故注者于简要地说明典故之外，即比较详细地分析诗意，指出六言诗的常见作法，使读者可以由此一诗而掌握六言诗的特点，提高阅读欣赏的能力。因为注者就是诗人，长于吟咏，对山谷诗又素有研究，所以讲得头头是道，显示了很高的水平。作为注释的一种方式，是值得学习的。

其他，如编专辑，要从同类著述中选取有特色、有代表性的作品，并将有系统理论、富于概括性的文章，放在前面领头。为书籍撰写绪论、前言、点校说明之类，则要求切实、具体，议论深刻，评价得宜，必须精读本书，掌握要领，始能动笔。草草翻阅，即率尔操觚，所述定难中肯。像中华书局标点本《史记》《汉书》《三国志》的出版说明，《后汉书》的点校说明，各就本书的编撰过程、内容体例、注家长短、版本流传以及点校原则等等，做具体的论述，给读者以有关的常识，确实能起指导的作用。有的书籍前言，于本书所谈甚少，满纸空洞浮泛的议论和千篇一律的批判，对读者就没有什么帮助。

编辑审稿，对解说失实，引证错误，文字拙劣，词不达意者，应予订正加工，或向作者提出修改意见。以我编纂新本《辞源》审正旧本原条和修订初稿来说，首先注意的是解说是否正确。例如旧本的“举将”一条，原据《三国志·吴·诸葛瑾传》的“吴郡太守朱治，（孙）权举将也”的引证，解说为“旧时所举之将”，似乎朱治为孙权选拔出来的大将，实际大谬不然。朱治本是孙权的父亲孙坚的老部下，随坚征伐有功。坚卒，治复佐坚子孙策。后来朱治领吴郡太守事，孙权刚刚十五岁，治举之为孝廉。迫策死，治遂与张昭等共尊孙权为主。《三国志》的《朱治传》于此叙述极清，借知“举将”与“举主”同义，皆指“荐举人”，并非“所举之将”。旧《辞源》的解说，以望文生义而误，我们根据史实和词义，做了订正。又修订初稿的“姑恶”一条，引宋苏轼的《五禽言·咏姑恶》诗：“君听姑恶声，无勿遣妇魂。”查苏轼原诗，无此二句，这是把《佩文韵府》所引的陆游诗误抄进去的。这也说明了核对引文、订正错误的重要性。

在修订《辞源》工作中，我还发现了另一个问题。就是今人说古人的话。编词典，常要从古书上摘取材料，但须动脑筋，思考辨析，不能完全照抄。例如新《辞源》有“锦体谪仙”一条，初稿是：“宋李质少不检，文其身，赐号锦体谪仙，后随从北狩。见宋王明清《挥麈录》后录二。”前面叙述数语，可以摘录，“后随从北狩”一句，却不能照抄。古代天子到诸侯国视察，叫作“巡狩”，“北狩”指到北方诸侯国视察。明明是宋徽宗、钦宗在靖康二年被金人俘虏北去，李质随行；王明清站在宋代臣子的立场，为皇帝遮羞，说成“北狩”，现在袭用其言，岂不可笑！故将此句改为“后随徽宗（赵佶）、钦宗（赵桓）被金人俘虏北去”。按《后汉书·葛恭传》注引《笑林》，谓葛恭善于为文奏（上阵事情的文件），有人求他代作文奏，自己抄写，可是忘了写自己的姓名，而把葛恭的名字写上，所以时人说：“作奏虽工，宜去葛恭。”“锦体谪仙”的初稿，照抄王明清“后随从北狩”一句，和这个笑话差不多。至于文字加工之例，请看《辞源》的“绨袍”一条的初稿和定稿：

（甲）战国范雎事魏中大夫须贾，为贾毁谤，笞辱几死。逃到秦国，改名张禄，仕秦为相。后须贾出使秦国，范雎故意穿着破旧的衣服往见。贾怜悯范雎落魄，送给他一件绨袍。须贾问知范雎为秦相，大惊请罪。范雎以贾曾赠绨袍，有眷恋故人之意，得幸免罪归国。

（乙）战国范雎事魏中大夫须贾，为贾毁谤，笞辱几死。逃至秦国，更名张禄，仕为相。后须贾出使入秦，雎故着敝衣冠往见，贾怜其寒，取绨袍为赠。旋知雎为秦相，大惊请罪。雎以贾曾赠绨袍，有眷恋故人之意，故释之。

对照看来，可见初稿文言与白话夹杂，口气稚弱；不似词典语言，和《辞源》解说的风格不一致。末尾的“范雎以贾曾赠绨袍，有眷恋故人之意”两句，是从范雎方面说。“得幸免罪归国”，又指的是须贾，前后主语非一，亦属小疵。定稿皆用浅近文言，比较简练，末两句改得也好。足见文字加工之必要。

外文翻译，我不在行，但据严几道（复）所提“信、达、雅”三条件而言，在“信”的基础上，适当加工，以求其“达”，固未为不可。如美国作家的 *Gone with the Wind* 一书，对译应作《随风而去》。傅东华译作《飘》，林语堂译作《风流云散》，皆不违“信、达”而求其“雅”之例。（至译成《乱世佳人》，则等于另起书名了）由此我觉得对外文书中某些附加成分太多的大长句子，照样对译，实在不像中文。似也不妨改变句式，把它打散改写一下。例如群众出版社出版的《福尔摩斯探案》的《空屋》一案中有一句话：“让我向那些关心我偶尔谈起的一个非凡人物的言行片断的读者大众说一句话。”这个句子实在太长，一口气都读不完，我试着改写如下：“过去，我偶然谈起过一个非凡人物的言行片段，获得广大读者的关心。现在我就此向这些读者大众说一句话。”长句改短，语意无违，而读起来舒缓有层次，显着自然得多，稍增数字，应该是允许的。

前两年，我曾应《中国青年报》的《自学之友》副刊编辑之约，撰《怎样查找诗词名句》一稿，原标题比较死板，经编辑改为《名句如海，源头何在》，仍用八字，而活跃有文采，真如点石成金。我看了，十分高兴！另外，我还给一家刊物写过一篇谈唐传奇的文章，已经看过校样，不料印出之后，其中的“佛教大行于六朝，至唐犹盛”两句，竟被改成“佛教盛行于六朝，至唐犹为繁盛”，与原句的语意有了出入。我写文章，一向注意删除重复，尤其是上下句之间，尽量不用相同的词语。这里说“大行”和“犹盛”，不只为了避免两见“盛”字，语气亦有轻重。改为“盛行”和“繁盛”，则字既重复，前后语气，也难分轩轾。以“繁盛”说佛教，本不合适；“犹为繁盛”，就更不佳。本来不用改的句子，如此一改，倒出了毛病，和全篇文字很不协调，显得是作者语文水平不高了。

其他还有两例，一是我写的一篇谈志怪小说稿内的“巫风之盛，于此可见”的“之”字被改为“的”，变为“巫风的盛”；一是我写的一篇游戏文章，谈到以“海”为名的“丛书”，有《学海类编》《百川学海》等等，后面竟被加上了《辞海》。看了，真使人哭笑不得！把“之”改为“的”，则后面的“盛”字，也应改为复合词，如“盛行”“兴盛”等等；《辞海》是词典，怎能与丛书并列？妄改轻率，实不应该，虽经更正，亦使人不快！

通过以上所述，可见编辑改稿的原则，应该是：有错必纠，不通必改，不好的能改得好就改，没把握好改的就不要动，可改可不改的最好不改，而且必须照顾原作的笔路和风格，不能把自己的写法强加于人。

总之，编辑的编写、审订，是主要工作，项目不少，能事尚多。自惟学识不高，见闻有限，本节所谈，不过零星点滴，漫无系统。神而明之，存乎其人；举一反三，是在读者。

第六章　编写查检例话

第一节　古汉语词典编撰简说

一

词典的种类很多，编撰的方针任务与读者对象各有不同，这里以修订本《辞源》为例，略谈关于古汉语词典的编撰问题，点滴意见，不求全面。

编古汉语词典，面临着一切“古”的问题：古代的语言文字，音韵训诂；古代的文学艺术和诸子百家的思想；古代的人物事件；古代的典章制度和风俗习惯；古代的地理州郡、山川形势；古代的天文星象以及有关花草树木、鸟兽虫鱼的叙述等等，都出现在所收词目之中，包含着多方面的内容，范围非常广泛，处处需要常识。这就得具备两个条件，才能完成编撰任务：一是合格的编辑人才，二是充足的资料。

什么样的编辑才算合格？我认为，有较高的马列主义理论修养，有较好的语文基础，下笔简洁，文无枝叶；喜欢读书，有一定的理解和分析能力。具备了这些，就算具备了当一个编辑的初步条件。学识和经验，可以慢慢积累。从上述编纂古汉语词典的复杂内容来看，任何高明的编辑，都不能样样精通，但俱应知道一些门径去找书、查书，解决问题，此即所谓“杂学”。现在有人把编辑称为“杂家”，似很恰当；不过，其“杂”不假，其“家”难成。因为词典的编辑，整天为“杂”所困，以作词条而查书，只是走马观花，一翻便过，哪一本也没时间从头至尾地好好阅读。这看来好像很苦，实际并不尽然，时间长了，起码能记住不少书名及其内容梗概；对许多原来不懂的东西，渐渐得到一知半解，说不定什么时候就用上。我从1958年参加《辞源》修订工作以来，就没有一天离开这个“杂”字，由此而涉猎若干从前未读之书，自谓苦中有乐，收获不小。所以我觉得，做词典编辑，只要任劳任怨，一头扎下去，不惜当无名英雄，是会苦尽甘来，以“杂”见长，做出成绩的。

巧妇难为无米之炊。编词典没有丰富的资料，是无法提高质量的。一方面要充分发掘旧资料，好好地加以利用，从古代的辞书、韵书、类书等等当中，选择有意义的词目和书证，核对引文，做出解释。另一方面要自己积累新资料，有计划地从各种古籍内选词取证，做出卡片，以备应用。不好好利用旧资料，叫作“弃宝于地”；不积极采录新资料，叫作“坐吃山空”，都对充实词典的内容大有妨碍。像清人所编《佩文韵府》和《骈字类编》二书，虽多承袭之误，不免芜杂之累，而可取的东西仍然很多，旧《辞源》与《辞海》的词条，都曾就此取材，但全没有充分发挥这两部旧辞书的作用。如“勿忘在莒”一语，近年有时出现于报刊，这是什么意思，许多读者不懂。新旧辞书除《佩文韵府》外，包括《骈字类编》《辞源》《辞海》和台湾地区的《中文大辞典》、日本的《大汉和词典》等，都没收“在莒”这一词目。《辞源》修订本第一分册，根据《佩文韵府》所引汉刘向《新序》增入此条，谓齐桓公做公子时，因为齐国内乱，流亡莒国；后来返齐为君，与群臣饮宴，鲍叔祝酒云：“祝吾君勿忘其出而在莒也。”可知“勿忘在莒”是指不要忘掉流亡在外之事，乃“居安思危”的意思。又“杀君马者路傍儿”一语，新旧辞书连《佩文韵府》皆未录入。从前，蔡元培先生拟辞去北京大学校长时，曾引以为喻，读者多不晓其意义和出处。我们根据辞源组所积累的资料卡片，查明此语见于《太平御览》八九七卷引汉应劭《风俗通》，略谓骑者因路傍的观者夸奖马跑迅速，就更加鞭策，使马力竭而死，乃“爱之适以害之”的意思。因于《辞源》第二分册内增入此条。由此两例，可见充分发挥旧辞书的作用和自己积累新资料，都非常重要。提高质量，补充词条，为读者解决阅读中的问题，俱有赖于这两方面，应该并重，不能偏废。现在辞源组的资料卡片已有四百万张，约一千万字，但仍在继续辑录中。

二

词典之于词（字）条目，取舍之间，是颇费斟酌的。一般说来，编纂古汉语词典，应以辑录单字、复词、成语、典故等为主，兼及一些知识性的条目。但何者当收，何者当删，由于着眼点各异，取舍的标准殊难一致。有人强调冷僻的字词无用，最好不收。所谓冷僻，大约是不常见、不常用的意思。既然稀见罕用，必不易懂，如果词典于此一概不取，一朝遇到，何从查找其含义与用法？这是不能笼统地屏弃的。所以我在修订《辞源》时，对冷僻词目的增删，都主张慎重。删，要有理由；增，要有把握，不能过滥。因此，凡《辞源》原有的，考虑保留；《辞源》所无的，适当增补。如旧《辞源》的“连展”一条，解释为“麦饵也”，只引了一句陆游诗“拭盘堆连展”，本来打算把它删掉；后因从《剑南诗稿》卷五十六《邻曲》一诗中查到，在“拭盘堆连展，洗鬴煮黎祁”一联之后，还有陆游的自注云：“连展，淮人以名麦饵；黎祁，蜀人以名豆腐”，由此知道把一种面制的食品（麦饵）叫作“连展”，乃是宋代江淮的方言，除去这条注，一时尚难索解，于是决定还是保存“连展”的词目，以供查检为好。又如“豷”（yī）字，《说文》解作“豕息”，指猪的喘气声，字义冷僻，古籍中罕用，故旧《辞源》未收。但《左传》中有以“豷”为人名的。襄公四年云：“浞因羿室，生浇及豷。”这条记载，涉及后羿，读《左传》的人，至此可能要查查此字的读音，知道个究竟，所以《辞源》修订本把它增补进去，而不取冷僻的“豕息”之义，只作人名解说如下：“后羿灭夏，恃射好猎，不修民事，信用谗臣，以寒浞为相，浞使羿家众杀羿而代之，占羿之妻妾，生二子，一名浇，一名豷，封浇于过，封豷于戈。夏少康中兴，并灭过、戈。见《左传》襄公四年。”以人名收单字，为编词典的一种变通办法。可是只用《左传》这八个字的原文来作“豷”的书证，一般读者难于了解；而且羿在古代神话传说中，为射日的英雄；《左传》所记后羿，却是一个恃射好猎、不辨贤奸的昏君。在这里有必要加以分别，所以贯串史实，讲一点常识，也算交代了增收此字的原因。

此外，如《辞源》修订初稿，增了“美丹”一条，解释为“甘草”，见《广雅·释草》。这个“美丹”究竟是中药甘草的别名呢，还是另外一种味甘的草，无法判断。清王念孙《广雅疏证》于此虽罗列数说，亦欠明确。解释既无把握，定稿时即决定不收此条。旧《辞源》还有“遮叱迦”一条，为佛教传说之鸟名，只见于唐人的《法苑珠林》和《酉阳杂俎》等书，不成典故，没有意义，其实也是可以删去的。

从词典的实用功效出发，有些条目尽管并不成为什么词语，却常见于文学作品之中，这就须要考虑采入。如《辞源》修订本第一分册所增的“不亦乐乎”一条，语出《论语·学而》：“有朋自远方来，不亦乐乎！”本指喜悦，后常借以表示极度、非常、淋漓尽致之意，兼有诙谐的情味。《古今杂剧》明缺名《吴起挂帅》四：“吴起着我打听秦兵去，谁想正撞着秦兵，把我一阵杀的不亦乐乎，跑将来了。”这里“不亦乐乎”用的只是《论语》的字面，与原意迥殊，源流相较，出入很大。虽不成词，亦应列为一条。至于那些流传众口的名句，如唐许浑的“山雨欲来风满楼”、宋陆游的“山重水复疑无路，柳暗花明又一村”、宋潘大临的“满城风雨近重阳”等，本系写景之作，却被后人当成语用，以借喻他意，这就更为古汉语词典所必收，或录全句，或摘四字（“山重水复”“柳暗花明”“满城风雨”），无所不可。至于像旧《辞源》的“孝鱼泉”“孝敬村”“孝张里”“孝顺狗”“孝鹅冢”等条，俱据《佩文韵府》录入，则既无意义，亦非典故，实际都应删去。《佩文韵府》的纂辑者，于词条内容，不加区别，一味滥收，以多为胜，是不足取的。

三

事物是在不断地发展的，词典编撰体例的演进，也自有一个必然的变化过程。我们一方面要继承传统，借鉴古人；一方面得根据现实的需要，精益求精，勇于创新，使体例更加完善。例如唐代大书法家颜真卿曾编《韵海镜源》三百六十卷，是一部分韵收词的大型辞书，虽已失传，我们还能从唐封演的《封氏闻见记》中了解它的体例：先列单字的篆文，下附隶书的别体，引诸家字书来作解释，然后摘取两字以上的词语，按末字编韵。于经史子集以及释道之书，均加采择，包罗甚广，可供选词摘句，征引典故，以为作诗赋之用。现在大家都知道《佩文韵府》系依元阴时夫《韵府群玉》和明凌稚隆《五车韵瑞》的“事系于字，字统于韵”的体例，将两书大加增补而成。明人所编《永乐大典》，于单字下并列篆隶各体，似出新裁；实皆为《韵海镜源》早已有之的，旧《辞源》和《辞海》以单字为词头，于其下罗列词语，又是沿《佩文韵府》的体例，稍加改变而来。可见继承、借鉴之不可少。《辞源》修订本，在旧有的基础上，又做了一些改进：首先于多音多义的单字分别注音，并在第二音以次各词头之下以2、3、4、5等序号标明其读第几音。如《辞源》修订本第三分册所收的"燎"字有三个读音，第一音是liǎo，为烧除或烘烤之义，词头下不标音；第二音是liào，为古祭祀名，"燎祭""燎坛"之"燎"均应读liào，即标出"燎$_2$祭""燎$_2$坛"；第三音读liáo，如火炬、火烛之义，"燎炬""燎朗""燎燎"之"燎"，均应读liáo，即标"燎$_3$炬""燎$_3$朗""燎$_3$燎$_3$"；明确告诉读者这些词读第几音，无须据义项的解说更加分辨。其次是于内容有关的词条，注明"参见"。如《辞源》修订本第一分册的"如愿"一条有两项解释，第一项所说故事，与"乞如愿"一条内容，同出一源，而叙述与引证各异，兹录原文于下：

【如愿】 一神话传说。彭泽湖湖神青洪君有婢女名如愿。为欧明所乞得，携回，平生愿望，因得以实现。见《初学记》十八引《录异传》。宋黄庭坚《豫章集》

三《常父答诗有煎点径须烦绿珠之句复次韵答》诗："政当为公乞如愿，作笺远寄宫亭湖。"参见"乞如愿"。

【乞如愿】 晋南北朝流行湖神婢女如愿的故事，后来演为在除夕或元旦祝一年如意的风俗。旧题唐冯贽《云仙杂记》十《如愿》："有商人过清湖，见清湖君，君问所需，商曰：但乞如愿。君许之，果得一婢，如愿即其名也。商有所求，悉能致之。后因正旦，如愿晚起，商人挞之，走入粪壤中不见。今人正旦，以细绳系绵人投粪扫中，云乞如愿。"宋范成大《石湖集》三十《打灰堆词》："除夜将阑晓星烂，粪扫堆头打如愿。"参阅晋干宝《搜神记》四、《太平广记》二九二《欧明》引《博异录》。

对照看来，可知晋南北朝时关于如愿的故事到了唐、宋间又有发展，从乞如愿到形成元旦于粪堆中打如愿的风俗，是经过民间传说的加工、丰富、演变而来。"如愿"与"乞如愿"两条由于有机的安排，详略分明，主次有别，侧重点各自不同，能够互相补充和制约。在"如愿"一条的解释与引证后面注明"参见'乞如愿'"，使读者由此及彼，兼看两条，得到较全面的了解。在"乞如愿"一条末尾"参阅"下列出参考书目，又为读者提供了进一步研究的线索。“参见”和“参阅”，可以说是《辞源》修订本体例创新的尝试，为我国以往的辞书所未有。

四

解释是词典的中心，确切、简练、条理分明，为词典语言的规范。但要做到这点，很不容易。有时解释词义，几经推敲，多次修改，仍难令人满意。如“割鸡焉用牛刀”一条，初稿解释为“比喻花大气力去办小事”，意思无误，语气不对，定稿改为“比喻办小事无须费大气力”，虽胜前解，却依然未把说话时的那种胸有成竹、视为轻而易举的兀傲情味表达出来。这须要多加两句话来说明，才能让读者对这个成语懂得透彻、用得恰当。

古今词义，多有变迁，同一词语，往往所指有异，用法各殊，应该根据内容做具体分析，不能简单地以今天的概念去解说古代的事物。如《左传》宣公九年：“春，王使来征聘。夏，孟献子聘于周，王以为有礼，厚贿之。”这个“征聘”，是指周天子征召诸侯来聘问，有的与后起的“招聘、聘请”之义混为一谈，即属大误。又“逮捕”一词，今义为“捉拿”“抓起来”，指依法拘捕。古义却是因事情牵连而拘捕的意思。《史记·绛侯周勃世家》："其后有人上书告勃欲反，下廷尉，廷尉下其事长安，逮捕勃治之。"《汉书·高帝纪》下九年："行如雒阳，贾高等谋逆，发觉，逮捕高等。"这两个书证中的"逮"，皆训"连及"；所说"逮捕"，俱与今义多少有些区别，应该说明，完全以今释古，是不妥的。

望文生义，根据想当然来作解说，较之以今释古，更易出笑话。如"司天"一条引唐敦煌变文《捉季布》："昨见司天占奏状，三台八坐甚纷纭。"司天，指主管观察天文星象之官；三台八坐，就说的是星象，文意甚明。初稿解释为"指皇帝"，即属望文生义，不加辨析；还在引文之后加注"此指刘邦"，更是错上加错！

以今语释古语，常常由于没有古今含义对等的词，而解说不能确切。如"道真"一条引《汉书·楚元王传》附刘歆移书太常博士："若必专已守残，党同门，妒道真，违明诏，失圣意，以陷于文吏之议，甚为二三君子不取也。""道真"一词，难觅今语相等者作解；原来仅增入两字，释为"道之真情"，和没有解释差不多。按颜师古注"党同门，妒道真"二语云："党同师之学，妒道艺之真也。"大意是说党同伐异到了严重的程度，即别人掌握了真理，亦加妒忌而不承认。据此可见把"道真"解释为"道艺的真谛"，比较合适。仔细玩味书证的上下句意和注文来体会词义，是很必要的。

词语含义，有虚有实，一味拘泥字面，解释即难恰到好处。如“睡魔”一条的初稿：

【睡魔】 使人入睡之魔力。宋苏轼《东坡集》续集二《赠包安静先生三首》之二：“建茶三十片，不审味如何？奉赠包居士，僧房战睡魔。”陆游《剑南诗稿》十二《春晚坐讲忽梦泛舟饮酒乐甚既觉怅然有赋》：“年来唯觉华胥乐，莫遣茶瓯战睡魔。”

东坡、放翁之诗所云，虽然意有反正，都是以茶祛睡的意思。所谓睡魔，乃文学修辞的一种虚拟说法，并非传说的诸魔中有此一魔，这样照字面坐实来解释，未免如胶柱鼓瑟，不知变通。改稿作“人疲乏时急遽欲睡，诗文中比方为由于魔力催促，称为睡魔”，就把此词的情味及其修辞手法交代清楚了。

《辞源》和其他的古汉语词典，都有溯源析流、解说语词演变的责任。如“边琐”一条：

【边琐】 驻守边境官吏年龄、经历的记录。《汉书·丙吉传》：“吉善其言，召东曹案边长吏，琐科条其人。”注引张晏曰：“琐，录也。欲科条其人老少及所经历，知其本以文武进也。”后因以边琐泛指守边的军务。宋苏轼《分类东坡诗》二二《送蒋颖叔帅熙河》：“正坐喜论兵，临老付边琐。”卫泾《后乐集》十五《与左曹盖郎中铸》：“宣劳边琐，首尾五年；望实既孚，物论归重。”

这条内的《汉书·丙吉传》所说，为“边琐”的语源，“边琐”二字尚未结合成词。在苏轼、卫泾诗中，则“边琐”已被用为复合词，且由“守边人员经历的记录”引申为“守边的军务”之意，源流俱在，转化显然。如果没有苏、卫两人的诗作为引申用法的书证，这一条是不能作好的。

除去一般的语词之外，像人名、地名、书名以及有关典章制度、民情风俗等等方面的词条，各有各的做法，当然不能一律采用语词的先举解说、后列书证的办法。而像《辞源》这样的古汉语词典，即介绍人物，亦多从语文、典故的角度来处理，与《辞海》作为百科全书的评价人物方式不同，如“张敞”一条：

① 汉河东平阳人，字子高。早年官太仆丞，宣帝时为

太中大夫、京兆尹、冀州刺史等，敢直言，严赏罚。尝为妻画眉，时长安有“张京兆眉妩”之说，后来成为夫妻恩爱的典故。汉书有传。（《辞源》修订本）

② 西汉河东平阳（今山西临汾西南）人，字子高。初为太仆丞。宣帝时任太中大夫，得罪大将军霍光，出为函谷关都尉。后任京兆尹。因与杨恽善，被罢职。不久又起用，任冀州刺史。直言敢谏，所至有治绩。（《辞海》）

对照看来，可知《辞海》所叙重在张敞的生平大事，故不及画眉；《辞源》虽亦述张敞经历，略同《辞海》，而实以画眉的典故为中心，甚至可以说就是为了“画眉”才收张敞的。这是两书的体例要求和着眼点不同所造成的差异。不过，《辞源》修订本的“张敞”这条，实在没有作好。按《汉书·张敞传》称敞为京兆尹，穷治偷盗，一日捕得数百人，由是枹鼓稀鸣，市无偷盗。然敞无威仪，时罢朝会，走马章台街，自以便面拊马。又为妇画眉，上问之，对曰：“臣闻闺房之内，夫妇之私，有过于画眉者。”这些材料，都应写入“张敞”条内，对画眉之语和走马章台之典，更不该漏列。即不取章台数语，亦宜注明“参见‘章台’或‘章台走马’”，于此一字不提，是不能令人满意的。

总之，编撰词典，必须仔细研究词语的释义，是否恰当无误；义项的排列，是否分合得宜；释义与书证，是否内容一致；材料的引用，是否详略合适。对解说的文字，尤其要精益求精。提要钩玄，以简驭繁，为撮述事实的原则。简单说来，即概括性与精炼性这两大要素的统一。

第二节　略谈中国古代的书信

一

现在大家都把“书信”当作一个复合词来用，而古代“书”和“信”是有区别的。“书”指信件；“信”指使者，即传达信件之人。汉乐府《古诗为焦仲卿妻作》刘兰芝请母亲谢绝县令派来的媒人：“自可断来信，徐徐更谓之。”来信，就是来说媒的使者。《三国志·魏书·武帝纪》建安十六年：“（马）超等屯渭南，遣信求割河以西请和，公不许。”这里的“信”，亦指使者。“信”的这一意义，常见于汉魏六朝的文献，不能误解为后起义的“书信”。但在《晋书·陆机传》内，“书”和“信”已经结合成词，唐人诗亦多见“书信”，而且有了单单以“信”指函札信件的用法。如王昌龄《寄穆侍御出幽州》："莫道蓟门书信少，雁飞犹得到衡阳"；贾岛《寄韩潮州愈》："隔岭篇章来华岳，出关书信过泷流"；元稹《酬乐天叹穷愁见寄》："老去心情随日减，远来书信隔年闻"，俱以"书信"连言。如果认为此三诗中之"信"仍指送"书"之人，那么下面这首诗里的"信"却无须置疑其为"书"的同义语。元稹《书乐天纸》："金銮殿里书残纸，乞与荆州元判司。不忍拈将等闲用，半封京信半题诗。"京信加封，显然指物，意思非常明确。可见"信"的函札之义虽系后起，并不很晚。而以"书"指信件的古义，一直沿用至今。写"惠书奉悉"，作为"收到来信"的文言，是常见的。

《昭明文选》分"上书"与"书"为两类。"上书"如秦李斯的《上秦始皇书》（即《谏逐客书》）、汉邹阳的《上书吴王》、枚叔（乘）的《奏书谏吴王濞》等等，为向帝王陈述意见的文字，俱以"臣闻"开头，属于奏议的一种。"书"如汉司马子长（迁）的《报任少卿书》、杨子幼（恽）的《报孙会宗书》、三国魏嵇叔夜（康）的《与山巨源绝交书》、梁丘希范（迟）的《与陈伯之书》等等，为私人往来的函札，即今天所说的"书信"。

古时与"书"相近的文体，还有"启"和"牋"（字亦作“笺”），均为奏记一类，略同“上书”和“表”。但不限于对君，亦行于上官尊长及朋友之间。《文心雕龙·奏启》云：“高宗云：‘启乃心。沃朕心’，取其义也。孝景讳启，故两汉无称。至魏国笺记，如云启闻，奏事之末，或谨密启。自晋来盛启，用兼表奏。陈政言事，既奏之异条；让爵谢恩，亦表之别幹。”这段话把“启”的取义和作用说得很清楚。因为汉景帝名刘启，所以两汉避讳，不用“启”称，魏晋时才盛行。如梁任彦昇（昉）的《为卞彬谢修卞忠贞墓启》，开头称“臣彬启”，对君谢恩；《上萧太傅固辞夺礼启》，开头称“昉启”，对上辞官；可见“启”的一般用处。“昉启”之“启”为陈述的意思。《晋书·山涛传》谓“涛所奏甄拔人物，各为题目，时称‘山公启事’”。启事，也就是“启”。唐韩愈亦有《为分司郎官上郑尚书相公启》《为河南令上留守郑相公启》，沿用此体，以示恭敬，实际与“书”的叙事议论并无明显的差异。故后世多以“书启”连言，不再区分。

“牋”在魏晋南北朝，主要为臣下对后妃及太子诸王陈述之用。如三国魏杨德祖（修）的《答临淄侯牋》、陈孔璋（琳）的《答东阿王牋》、晋阮嗣宗（籍）的《为郑冲劝晋王牋》、南齐谢玄晖（朓）的《拜中军记室辞隋王牋》等，除开头结尾称“死罪，死罪”外，措辞与“书”“启”也没有什么不同。名称体制之烦琐，主要是封建等级观念所造成。

至于“札”“牍”“简”“帖”之称，最初是各因书写工具而名的。写在木板上的称“札”“牍”，写在竹片上的称“简”，写在布帛上的称“帖”，所以书信又叫“书札”“手札”“尺牍”“简牍”“手简”等等。称“帖”的如晋王羲之的《快雪时晴帖》、陆机的《平复帖》等，都是书信，后人以“帖”名之，盖兼重其书法。此外因为书信须装入封套，故亦称“函”或“函札”；因为须加缄封，故亦称“缄札”；因信纸每页八行，自南北朝以来“八行书”即成为书信的通称。名以时异或由指称时各有侧重而不同，实际还是一回事情。

二

书信重在实用，以陈述为主，而论事、抒情、写景等等，无所不宜。作为一种独立的文体，有悠久的传统。《文心雕龙·书记》中说：“详总书体，本在尽言。言以散郁陶，托风采，故宜条畅以任气，优柔以怿怀，文明从容，亦心声之献酬也。”可见写信贵在敞开怀抱，尽所欲言。古代许多流传众口的名篇，如上节提到的司马迁《报任少卿书》、嵇康的《与山巨源绝交书》，直抒己见，发泄愤悒之情，全都酣畅淋漓，毫无掩饰，不愧为显示“心声”之作，有很高的文学价值和史料价值，成为宝贵的文化遗产中的一个重要部分。

书信在长期写作的过程中，逐渐形成了一套约定俗成的格式。像上下款的称呼，因人而异；开头结尾的致敬祝颂之辞，有许多习用语；抬头、空格等等，也有通行的行款；为阅读古代的书札和今人所写的文言信件所应该了解，这里略谈相关的常识，以见一斑。

书信大致可以分为给长辈的（父母、师长等等）、给平辈的（兄弟、朋友、同学、同事等等）、给晚辈的（子侄、学生等等）三种。上款写受信人，下款写作书人，中间叙正文，三种书信均同，为明清以来常见的格式。但汉魏六朝的书札，却都先写自己的姓名，后列受书人。《报任少卿书》的开头“太史公牛马走司马迁再拜言少卿足下”，就是这样。太史公，官名；牛马走，为司马迁自谦之语；再拜，表示行礼；足下，为对任少卿的敬词。下面的“曩者辱赐书，教以顺于接物，推贤进士为务”这一段话，接着任少卿来信的话头，引起下文；末尾只说“书不能悉意，略陈固陋，谨再拜”，不再署名。三国魏文帝（曹丕）的《与朝歌令吴质书》，开头写“五月十八日丕白，季重（吴质字）无恙”，末尾写“行矣自爱，丕白”；自己署名，前后两见。“白”，是述说的意思。南朝梁丘希范（迟）的《与陈伯之书》，开头写“迟顿首陈将军足下，无恙，幸甚，幸甚”，末尾复书“丘迟顿首”；顿首，示敬，亦前后两见。“无恙”，为正文前问候的通用语。这种先署己名的格式，直到近代仍有人沿用，不过不像先写受信人上款的那样普遍；而对人称字（后来亦称人的别号）不呼名以及在书信的首尾致敬问候的传统，至今还在延续，不过因时世不同、用语有异而已。

给长辈写信，上款当然不具名，旧时在称呼之下要加“大人”，后面还得有敬词和领起正文的习用语，如对父亲，一般上款都写“父亲大人膝下，敬禀者”，末尾写“敬请福安”和“男某某叩禀”的下款。“膝下”之称，专用于父母；“禀”泛指下对上陈述事情，领起正文的“敬禀者”，亦可用于老师和其他尊长。

从前向长辈言事，要措辞恭敬，书信行文，相应地有许多讲究。以对老师说，上款“大人”下的敬辞，多用“座下”“座右”“座前”“尊前”“道席”“函丈”（函，为“容”义；函丈，指师生相对，中间有容一丈之地，以便于讲问指点）等等。正文之前，以“敬惟”（惟，亦可写作“维”“唯”，为“思”“想”之义。“敬惟”就是“敬想”。有表示希望的意思）或“恭惟”领头，致意问候。如：“老师大人函丈，敬禀者：违侍经年，时切　高山仰止之思，敬惟　道履康强，凡百顺适为慰！”下面接写正文，叙述事情，就是一种常见的格式。老师为传道授业之人，故称“道履”（“履”指起居行止，实际是说身体）；弟子要侍奉老师，所以没见老师的面说“违侍”或“失侍”；“高山仰止”，亦多以表示想念老师。书信用语之须切合双方的关系和身份，于此可见。又旧时致书上司或做官的尊长，多于上款的“大人”之下写“钧鉴”或“钧座”，末尾写“敬请钧安”。信中于对方的意见，称为“钧旨”，信封上写“某某人钧启”。古以钧陶喻国政，故后来对仕宦的称呼多冠“钧”字，逐渐成为官场的俗套。

作为书信整体结构的一部分，常在叙事完结之后，加上“不具”“不备”“不一一”“不尽覼缕”（覼缕，指委曲陈述，覼音luó，也写作“覶”）等等，谦称书意简略，不能事事详陈，跟着再用“肃此”“专此”等，以两个字总括一下，然后写请安祝颂的话和下款。如上面所举致老师的信之例，正文末可接“肃此敬请福安（或“道安”）、受业（或“门生”“门人”）某某谨禀”。“肃此”为“恭敬地写了此信”之意，说明叙事已毕。如果下款不用“谨禀”字样，也可以写“肃拜”“再拜”“载拜”（“载”通“再”）、“顿首”“叩首”等等，表示恭敬。至于“座下”“座右”“座前”“尊前”等词，对一般尊长都可使用，惟“函丈”仅限于称老师。

三

朋友之间通信，或称仁兄，或称先生，视关系亲疏而定。称呼下面的敬词，一般用“阁下”“执事”“左右”等等。其他如对文士用“史席”“撰席”；对将帅用“麾下”或“节下”；对持节的使者或掌节钺的封疆大吏如总督、巡抚亦用“节下”；对做御史的用“台下”，各有特殊含义，但都是表示自谦，不敢直指其人的意思。“足下”，在战国时多以称君主，后来成为书札中的普通敬词，习惯用于比较亲近或年轻的朋友。如果上款不写“阁下”“足下”之类的敬词，即于称呼之下加“大鉴”“惠鉴”“赐鉴”“青鉴”等语，作为开头。“大”是尊称；“惠鉴”“赐鉴”，是说惠予阅览此信；“青”谓青眼，指垂青赐阅，都是客气话。至于末尾的祝颂问候之语，常用的是“安”“祺”“祉”“绥”（“安”“绥”，平安；“祉”“祺”，吉祥、福气）等词。如对文人学者说“敬请文安”“道安”“撰安”“敬颂文祺”或“教祺”；对大官显宦说“肃颂勋祺”或“勋祉”（上款下写“勋鉴”）；对军队长官说“敬颂戎绥”；对患病之人说“敬请痊安”；对客居之人说“敬请旅安”；对穿孝之人说“敬请礼安”，俱不能乱用。“肃颂”的“肃”，表恭敬；“顺颂”的“顺”，是顺便；说话分寸，也有区别。其他如“敬请大安”或“近安”；“敬颂时绥”或“刻祉”；“顺颂康吉”“敬候起居健吉”“顺祝行止佳胜”等等，则一般通用。由于古人以三台星比三公，所以尊称别人多加“台”字。如以“台端”称对方，以“敬请台安”加于信尾，以“某某先生台启”写信封，即为旧时书札所习用。“敬颂公祺”或“公绥”也常见于给公职人员的函件中。把上下款都写在信末的，多为给熟人的便函。有时信已写完，于纸尾又叙他事，即书“又及”，一般不再署名。

下款署名之下有的写“某启”“拜启”“谨启”“手启”“敬启”“手具”“拜具”“某白”“白疏”等等。“启”“具”“白”“疏”，为述说、条陈之意。有的写“叩泐”“拜泐”“手泐”等等。“泐”原指雕刻，引申为书写，“手泐”就是“手写”。但“泐”字之前不加“叩”“拜”等表敬礼之词，一般仅用于长辈对晚辈，如父与子书，下款常常只写“父泐”。不用“启”“白”等词，在下款署名后以“顿首”“再拜”（或“载拜”）、“百拜”“肃拜”“叩首”等词，表示敬礼者，在平辈通信中也很常见。若正居父母之丧，则下款称“制”，不写“顿首”，而用“稽颡”。如清何义门（焯）与友人书，下款即有写“制同学弟焯稽颡”者。清人书札，“顿首”多作草体，好像以“十五”两字连写，而将中间一横向下拉长，有如签押一样。

旧时写信，因所谈之事不愿人知，或其他原因，不署下款，常作“名心肃”“名心具”，受信人见笔迹即知其为谁，心照不宣。也有写“名单具”“名笺肃”“名另肃”“名另泐”“名正肃”者，则系于此信之外，另附名帖（即名片），或另有署名之正函。也有的信件，在末尾书“两隐”或“两浑”，即上下款都略去的意思。其注“阅后付丙”的，是希望看完焚去，免为人见。在五行中“丙”属火，故以“丙”为“火”的代称。给子侄写信，比较随便，往往于开头直呼其名，书“某儿见字”，末尾问好与否，也不一定。若致函后进或世交晚辈，则与一般朋友通信，无大区别。

四

上面所谈，只是常见的几种模式。写信，也和一切创作一样，优劣关乎修养。长于文学的人，于此往往信手拈来，不拘一格，多所变通。这里举清乾隆间查声山（昇）给老师的信和袁子才（枚）给吴子修（修）的信各一件，说明一下旧时写信的行款。惟原书直写，抄件横排，略有不同耳。

① 查昇谨禀

老师台下：昇自归里以后，冰兢自守，凛戒

循墙，冀告无罪于乡党。但

双亲老年多病，甘旨缺如，四壁萧然，

号寒啼馁，真有不堪告语者，不得已仍

作出游之想。倘来月望前吾

师尚未出门，定当抠侍

函丈，敬承

训示也。马公极推

台爱，卞公尚未谋面。日内有便函往来，

望

赐栽培，感切，感切！

太老师前并候

万安，临禀不胜依恋之至。

门昇载拜

② 袁枚顿首

子修世兄足下：四月中家人从杭州归，接手书知安好为慰。仆病中作明后年重宴琼林鹿鸣诗各十章豫交。年寿，苍苍者未必慨然与之。然诗存集上，则愿了胸中，特寄一册求

和而寄我，必当青出于蓝也，特此拜恳，并询

起居不备

五月二十日

查昇的信，于开头、结尾两处署名，前写“谨禀”，后书“载拜”，略如汉魏之制。“抬头”（指另起行，高出正文）于“老师”“师”“太老师”等对人的称呼，比正文高两字；“函丈”“训示”“台爱”“赐”等敬词，比正文高一字，皆所以表示谦恭，而有等差。（其以空格示敬者，作用与“抬头”大同小异）吴修是袁枚的世交晚辈，袁枚给他写信，无须像查昇对老师那样尊敬，但袁函称吴为“子修世兄”，于“手书”“和”等词，虽未高出正文，也全抬头另起；首写“袁枚顿首”，末尾问候起居，仍然具备应有的礼貌。

这篇小文概述书信的体制和用语，意在为青年读者提供

一些常识，以便于阅读，并非欣赏旧时的繁文缛节，倡导摹仿。可是从前书信的文明礼貌的传统，似乎还应该继承下来。据说曾有某大学生给家长写信要钱，竟有“限某日以前寄若干元来”的话，好像最后通牒的口吻。这可能属于笑谈，并非事实。但写信不讲辞令，说话没有分寸的，却是屡见不鲜。去年一位读者给我来信提出几个关于读史书的问题，其中说：“我相信你会认真负责地加以解答。”如此措辞，未免使人哭笑不得，话固直率，而语气不免欠妥。至于信封上只写个“某某人收”，名字以下没有“先生”“同志”等任何称呼的信件，也经常从报刊、出版社、学校等文化单位寄来，看了总觉得有些不习惯。加上个称呼，以表示尊重别人和自己，应该不算多余吧？

第三节　类书常谈

一

在我国古代的工具书中，有内容与形式都较为特殊的一种：罗列文字训诂、辞藻、典故，却不是字典、词典；包括经史杂传、诸子百家之言以及诗文作品，却游离四部，难以归一；涉及典章、制度、山川、地理、医卜星相、花草树木、禽兽虫鱼等等，却既非政典、丛考、方志、舆图，亦非任何一家的专著。它分门别类地汇辑各种内容的材料，所包甚广，以杂见称，这就是类书。这些特点，确定了它的一书多用，我们可以从各个不同的方面就此取材。

类书为各种材料的分类汇编，只有搜集、选择和剪裁、排比之功，而无解说与考辨之责，虽略似近世之百科全书，性质体例并不相同。它的远源，可以上溯到先秦古籍《尔雅》，这部产生最早的训诂词典，分释诂、释言、释训、释亲、释宫、释器、释乐、释天、释地、释丘、释山、释水、释虫、释鱼、释鸟、释兽、释畜、释草、释木十九类，首创了按类收词的体例，实为类书之先河。这十九类大致包括了后来类书的主要门类，不过各朝的类书随着时代社会的发展，名物的增加，而门类愈多、子目愈细而已。

以前对类书之归部分类，众说纷纭；现在于何谓类书，认识虽渐趋一致，仍存小异。比如清儒所编《佩文韵府》和《骈字类编》，《四库书目》归之类书之内，今人或沿其说。实际这两部书，一个按韵收字，一个分类列词，并非类书，应该称为汇辑词藻典故的词典，所以我于二十余年前所著《中国古代的字典》一书中即如此标目论述。

类书以杂为特点，其别体如唐韩鄂之《岁华纪丽》专辑有关四时的材料；宋李昉等之《太平广记》专录小说；高承之《事物纪原》专考事物原始；虽各采一种内容，但依旧分门别类地罗列事迹，性质作用与一般类书无异。

二

三国时代已有类书。《三国志·魏书·文帝纪》说魏文帝（曹丕）喜好文学，除去自己著述之外，“又使诸儒撰集经传，随类相从，凡千余篇，号曰《皇览》”。后来这部《皇览》即被认为是中国类书之祖。继起的南北朝类书，以梁徐勉等所撰的《华林遍略》和北齐祖珽等所撰的《修文殿御览》为较著名。北齐的文襄帝（高澄）在北魏辅政时，祖珽任秘书丞，在澄属下。曾有客来卖《华林遍略》，高澄召集很多书手，一日一夜就把这部书抄毕，还给书客，说：“不须也。”祖珽还以《华林遍略》数帙来质钱赌博，被高澄“杖之四十”。这是《北齐书·祖珽传》记叙的有关类书的趣闻。当时南北对峙，《华林遍略》书成未久，而遽传北魏，且能用以质钱，足证类书之受重视。祖珽等的《修文殿御览》于北齐后主武平三年二月敕撰，八月即完，成书极速，其用《华林遍略》为蓝本，踵事增华，加以补充，可能性是很大的。宋初《皇览》早亡，《遍略》亦佚，惟《御览》犹存，李昉等撰《太平御览》，实际又是在北齐这部类书的基础上进行的。如《太平御览》四五六卷所录书上有“行成坤”（《国语》曰：吴伐越）、“立后土”（《国语》曰：鲁成公以括与戏见宣王）、“讽谏木”（《国语》曰：晋平公射鹦不死）；四五七卷所录书上有“见君火”（《韩子》曰：卫灵公之时弥子瑕有宠）、“台甲”（《孔丛子》曰：陈惠侯大城）、“谏木”（《孔丛子》曰：赵简子曰厥也爱我）、“杀谏庚”（《符子》曰：龙逄进谏桀曰）、“宫殿甲”（《汉书》扬雄《甘泉赋》曰）；清人成瓘谓此明是《修文殿御览》旧式，宋人改削有未净尽者。其“行成”“立后”“讽谏”“见君”“台”“谏”“杀谏”“宫殿”等，为分部之子目；其“土”“火”“木”及“坤”“庚”“甲”等，乃以五行、八卦及干支为次第。《昭明文选》第一卷题曰“赋甲”，注曰：“旧题甲乙，所以纪卷先后。”可见六朝人编书，格式大致如此。[①]现在我们以《太平御览》这几条的书前标目与引文对看，内容皆合，知成氏之说甚确。他这段话的征引考据，对探索古类书之

① 成瓘说见《篛园日札》卷六“类书之始”一节。商务印书馆1958年排印本第368页。

源流演变，是有帮助的。失传的《修文殿御览》的体例，于此亦约略见之。

三

《皇览》的成书，为爱好文学的魏文帝显示“文治”的一个方面；《华林遍略》和《修文殿御览》的编撰，也主要是供皇帝阅览，以借古鉴今为目的的。因此这些早期类书只重事迹而略艺文。由于南北朝人写文章，崇尚骈俪，讲究辞藻，重视用典使事，唐初此风犹盛，应试撰文，需要类书参考。所以唐人编类书，就要使之更切合于实际的应用。欧阳询在《艺文类聚序》中说：“《流别》《文选》[①]专取其文；《皇览》《遍略》直书其事；文义既殊，寻检难一。”意指“事”与“文”应该并重，不能偏废；《艺文类聚》的故事在前，诗文列后的体例，即纠正了以前类书的偏颇，成为后代类书的一种主要编撰形式。唐徐坚、张说等在开元间奉玄宗之命而撰的《初学记》，专为诸皇子作文时查找事类、辞藻之用，目的尤其明确。唐刘肃的《大唐新语》卷九提到：“玄宗谓张说曰：儿

---

①《流别》《文选》：晋挚虞《文章流别集》、梁萧统《昭明文选》。

子等欲学缀文，须检事及看文体。《御览》（指《修文殿御览》）之辈，部帙既大，寻讨稍难。卿与诸学士撰集要事并要文，以类相从，务取省便，令儿子等易见成就也。”[①]可见《初学记》在选材与编次上的改进，和它的用途密切相关。明胡应麟认为《艺文类聚》和《初学记》“兼载诗词，则近于集”；《太平御览》《册府元龟》“事实咸备，则邻于史”[②]。实际只能说明这四部书属于两种类型，前两书的内容兼包经史子集，并非只近于“集”的。

类书分门别类地集中事迹、艺文，不仅可以当作一种工具，供临文采择典故、辞藻之需，而且可以视为选本来供平日的诵读，唐虞世南在隋时所编《北堂书钞》，入唐盛行，即为类书被广泛应用之一证。[③]《新五代史·刘岳传》云：“宰相冯道，世本田家，状貌质野，朝士多笑其陋。道旦入朝，兵部侍郎任赞与岳在其后，道行数反顾，赞问岳：‘道反顾何

---

① 据《丛书集成》本《大唐新语》引。

② 胡应麟语，见《少室山房笔丛》卷二九“九流绪论”下。中华书局1958年排印本第380页。

③ 唐刘𫗧《隋唐嘉话》中：“虞公之为秘书，于省后堂集众书中事可为文用者，号为《北堂书钞》。今此堂犹存，而《书钞》盛行于代。”

为？’岳曰：‘遗下《兔园册》尔。’[1]《兔园册》者，乡校俚儒教田夫牧子之所诵也。”《兔园册》是当时常见的类书，村塾老师，用以教授学童；有的文士还把类书当作速成的读书课本和考试的应急宝库，不免为博学之士所笑。刘岳以此讥讽冯道，就是这个意思。实际后代学者，于类书能起的作用并不轻视。如清代的赵㧑叔（之谦）以书画篆刻享盛名于世，而当同光之际，怀才不遇，屈于下僚，中心抑郁，曾编《仰视千七百二十九鹤斋丛书》，有自序一篇，文极离奇诙诡，如庄生之寓言，中云：“徐坚《初学记》十九引《梦书》曰：‘举事中止后无名，百姓所笑人所轻。’断章取之，其言可法。”按“举事”两句为《初学记》卷十九“短人”一节中语，《梦书》应作《占梦书》，“举事中止后无名”前面还有“凡梦侏儒事不成”一句。赵氏引此来说明道理，当由常时涉猎而记忆，决非仓促寻检而得，读书泛览，并不排斥类书，于此可见。

① 《旧五代史·冯道传》谓此为任赞语。关于《兔园册》，可参阅刘叶秋著《类书简说》第10页的叙述，上海古籍出版社出版。

四

以类书为辑佚、校勘的工具，宋儒已开其端，明人亦悉其用。如明冯惟讷辑《古诗记》、梅鼎祚辑《文纪》、张溥辑《汉魏六朝百三名家集》，多由唐宋人类书中取资。到了清代，随考掘之学的兴盛，类书应用更广。如严可均辑《全上古三代秦汉三国六朝文》，孙星衍辑《苍颉篇》，任大椿、臧庸等辑《通俗文》，王谟辑《汉唐地理书钞》，孙冯翼辑《皇览》等，以及近代鲁迅辑《古小说钩沉》，大部分材料还是来自《北堂书钞》《艺文类聚》《初学记》《太平广记》《太平御览》和其他的古类书。现在我们仍可从这些类书中找到足以订正今本古籍文字训诂的材料。如东汉许慎的《说文解字》十五篇，自经唐代宗大历年间李阳冰反对许氏之说，妄加窜改为二十卷后，直至唐末改本盛行，原书已不可见。后来南唐徐锴撰《说文系传》（世称小徐本），仍主许说，有"祛妄"一篇，专驳阳冰。锴兄徐铉等又于宋初校订《说文解字》，重加整理（世称大徐本）；阳冰之本遂废，而许氏原书面目依然无法恢复。倒是我们由唐初类书所引《说文》中，得以窥见古本的一鳞半爪，用以与大徐本参校异同，偶有所得。

《艺文类聚》卷十八人部二"老"："《说文》曰：老，考也。七十曰耆，八十曰耋，九十曰耄。《释名》曰：九十曰鲐背，或曰黄耇，或曰冻梨，或曰鲵齿，或曰眉寿。”按大徐本《说文解字》的老、耆、耋、耄四个字的解说作“老，考也。七十曰老”；“耆，老也”；“耋，八十曰耋”；“薹（今作耄），年九十曰薹。”据《艺文类聚》所引“七十曰耆”（“七十”为“六十”之误）的体例推断，可知古本的“耆”字解说与“耋”“薹”一例，当作“耆，老也。年六十曰耆”，“耋”“薹”亦当有“老也”的解说，才符合六书中“同意相受”的原则。大徐本无此解说，四字体例不一，足见删削不少。[①]《艺文类聚》引《释名》的“或曰眉寿”一语，亦不见于现在通行的《释名》，也能说明唐初编类书所引古籍，文字与今本多有异同，颇具参考价值。

编撰辞书，征引经史子集作书证，往往因一字的歧异，须费推敲。类书博采古籍，广罗词语，其作用虽与辞书有别，却为辞书的编者提供了许多选择和比较的方便。如《管子·五行》：“昔者皇帝得蚩尤而明于天道，得大常而察于地利，得奢龙而辩于东方，得祝融而辩于南方，得大卦而辩于西方，得

---

① 参阅清沈涛《说文古本考》，见丁福保辑《说文解字诂林》第3761页B。

后土而辩于北方。黄帝得六相而天地治，神明至。”这里所说黄帝六相之一的“奢龙”，《太平御览》卷七十九皇王部四引《管子》此段文字作“苍龙”。按东方七宿角、亢、氐、房、心、尾、箕称苍龙；岁星亦曰苍龙。《管子》所说辩东方的“奢龙”，正应作“苍龙”，“奢”当为“苍”字的形近之误。《太平御览》所引《管子》的古本是可信的。郭沫若、闻一多等的《管子集校》亦以“苍龙”为是。查《佩文韵府》的“奢龙”一词，只有今本《管子》的这一条孤证，也足以说明“奢”字之误。

又商务印书馆《四部丛刊》本的《曹子建集》乃据江安傅氏所藏明代活字本影印，其卷八的《上下太后诔表》云：“作诔一篇，知不足赞扬名贵，以展臣蓼莪之思。”查《艺文类聚》卷十五后妃部引曹植此表“名贵”作“明贵”；明张溥《汉魏六朝百三名家集》内的《陈思王集》亦作“明贵”。对照看来，显然是“明贵”为好，合于文意。清严可均辑《全三国文》录入此篇，虽同出《艺文类聚》卷十五，但作“知不足赞扬明明，贵以展臣蓼莪之思”，他把“贵”字断属下文，上句末尾一个“明”字站不住，所以改作“明明”。我们根据《艺文类聚》的引文，发现了明本《曹子建集》的“名”字之误和严可均增字这两个问题。

背诵之学，昔时所重，博学多识之人，也古今皆有，只是历代典籍，浩如烟海，腹笥纵广，究竟容纳有限。因此撰文稽古，任何人都须要借助于工具书。类书分类隶事，集中若干有关的材料在一起，一检即得，可免寻找之劳、翻书之苦。去年有友人编辑古代审案事例，告以查《太平御览》，从六三九卷刑法部的“听讼”项下，找到不少这类的记载。如引《宋书》曰：“傅琰为山阴令，有卖针、卖糖妪争丝，各言已者，诣琰。琰挂而轻鞭之，有铁屑，乃罚卖糖者。又有二老争鸡，问何食，一云食粟，一云食豆，剖之见粟，罚言豆者。人畏如神明。”剖析事理，顷刻分明，很像后来公案小说中清官断狱的故事。同卷还有三国魏时的廷尉高柔、北魏的豫州刺史司马悦、晋代浚仪令陆云等勘破凶杀案的记载，据此线索，去查阅史书本传，真是事半功倍。又友人以清末某名流手札见示，中有“星门一别，倏忽三秋”之语，不知“星门”何指，托代查检，忆及《太平御览》天部谈星象者甚多。试查卷五天部“星”上引《史记·天官书》：“中，端门；门左右，掖门。门内六星，诸侯。其内五星，五帝坐。”随阅《天官书》，据唐张守节《正义》知太微宫的南藩中二星间为端门。由此了解“星门”即指京都、都门，因为京都有端门，是上参星象而取名的。“星门”一词的这项解释，古今辞书均未列入，应该更寻书证，予以增补。

谶纬之说，盛于两汉，而书多不传，甚至书名亦不见史志，《太平御览》却还引录了一部分。明胡应麟指出其中所引如《易卦统通图》《尚书钩命决》《礼记稽命曜》《河图括地象》《河图玉版》《洛书稽命曜》等，盖为唐人编《文思博要》等书时，从宋、齐诸类书内录出，《太平御览》又据《文思博要》载入，非诸书北宋尚存。[①]今宋、齐诸书及《文思博要》等皆亡，《太平御览》所保存的这部分材料就更显着难得可贵了。近人余嘉锡云《艺文类聚》《初学记》岁时部引北周宗懔的《荆楚岁时记》，皆正文与注相连，不加分别，惟《太平御览》时序部所引，于正文作大字，注文则作双行小字，附于本句之下，极为清晰。[②]古书的一些本来面目，借此考见，亦为其体例方面的优点所致。所以清周中孚称赞这部书说："（《太平御览》）虽多转引类书，不能一一出自原本，然包罗万象，总括群书，记历代之兴亡，备两间之名物，几如杜家武库，无所不有，而考其所引，传于今者，又十不存二三焉，洵考据之渊薮，非《册府元龟》诸大类书所

① 见《少室山房笔丛》卷三十《四部正讹》上，第387页。

② 余嘉锡说见《四库提要辨证》上册卷八史部六《荆楚岁时记》的辨证。科学出版社本第441页。

可并也。”[①]这段话似尚非过誉，《太平御览》的广搜博采，是其功不可没的。

五

对于古代类书，应该详悉利弊，适当使用，既不轻视，也不轻信。因为这种大部头的官书，大都成于众手，内容各部，质量不一，编撰粗疏，舛误甚多。像张冠李戴，弄错所采的书名；看书匆遽，误以注疏为正文；分类不当，造成取材的重复，删节引文，失去本来的面目；抄写不慎，导致文字的讹谬等等，所在皆有。尤其是古人引书，往往撮叙大意，并不都照抄原文，有时捏合贯串，亦难见删改之迹；这就更须仔细辨析。《太平御览》等类书在连引一书的几条时，前列书名，后标“又曰”，亦易有误。如《初学记》卷十九“奴婢”的“平头提箱”项下引古诗“足下丝履五文章，平头奴子提履箱”，这是把梁武帝《河中之水歌》内的两个下句抄在一起的。《太平御览》卷八九八“牛”上引《史记》后标“又曰”的“宁戚欲仕齐侯，牵牛叩角而歌”一段，实见《史记·邹阳传》的裴

① 周中孚语，见《郑堂读书记》卷六十一《太平御览》。商务印书馆排印本中册第1202页。

骃《集解》，并非《史记》的正文。[①]宋王楙也曾指出《艺文类聚》的归部和引书之失。[②]使用类书，必须注意上述的几个方面。

第四节　怎样理解和查找成语典故

一

成语典故，常常共称，分别说来，并非一事。成语，主要指习用的古语、俗谚以及能独立表意的词组、短句，其特点是大都约定俗成，结构固定。如“揠苗助长”“画蛇添足”“刻舟求剑”“弄巧成拙”“人云亦云”等等，以四字者为多。典故，指有关国家的典章制度、掌故等等，包括史实和诗文中引用的传说故事。掌故，即旧事、旧例。像“闻鸡起舞”“人面桃花”“雁塔题名”“十八学士登瀛洲”等等，属于典故。成语，或有故事来源，如“揠苗助长”，事

---

① 说详刘叶秋《阅读散记》中的“类书引文之误”一节。1981年第2期《南开学报》第49—50页。

② 王楙说，见《野客丛书》卷十七“一抔土事”、卷二十二“以蒲为脯”。《笔记小说大观》本。

见《孟子·公孙丑》上，出自经书；“画蛇添足”，事见《战国策·齐策》二，出自史书；“刻舟求剑”，事见《吕氏春秋·察今》，出自子书。或者语有所本，如“弄巧成拙”，语见宋邵雍《伊川击壤集》二十《首尾吟》；“人云亦云”，语见《中州集》一金蔡松年《槽声同彦高赋》诗，皆出集部。（这虽未必是“弄巧成拙”“人云亦云”两个成语的最早出处，但目前别无材料，只能以此为源。）典故，如“闻鸡起舞”为晋祖逖事，见《晋书》本传；“人面桃花”为唐博陵崔护事，见唐孟棨《本事诗·情感》，以护《游城南》诗有“去年今日此门中，人面桃花相映红”之句而称；“雁塔题名”为唐新进士的故事，见于唐、宋人笔记；“十八学士登瀛洲”为唐太宗开文学馆时事，见新、旧《唐书》等。此外如“虎入羊群”“虎头蛇尾”“瓦罐终须井上破”之类的俗语，在戏曲小说内所用亦多。成语典故之散出经史子集、笔记杂书，几乎无往而不在，由此可“窥豹一斑”。不过旧日作诗文，用典使事，于成语典故，无人区分，如以“闻鸡起舞”喻志士的奋励之情，以“人面桃花”指男子之怀念旧恋，虽皆用典，实兼具成语的作用。

二

古人读书，甚重背诵，所谓“腹笥渊博”，不仅是说多知多懂，亦指背诵功深，记忆力强。如宋龚程自幼好学，手不释卷，博览群书，记问精确，乡人称之为“有脚书橱”（见宋龚明之《中吴纪闻》三）。当代学者，能背诵整部书，随问随答，如数家珍的，也不乏其人。但博览和专精，毕竟都有一定的限度。古籍浩如烟海，涉猎已难，无所不知，更做不到。传说唐李商隐作文，多检阅书史，鳞次堆积左右，时谓为獭祭鱼（见宋吴炯《五总志》）。“獭祭”之称，虽含贬义，实际却表明了查找材料之不可少。因此，翻检工具书，以补记诵之不足，十分必要。近年大家对成语的理解和运用，较前更加重视；而阅读古籍，又经常遇到典故，须查出处。所以成语典故如何查法，以及先从哪种工具书入手，就为好学的人所普遍关心。

工具书是近代的名称，指字典、词典、韵书、类书、书目、索引以及图、表、谱、录等等备查检的书籍。我国古代本无所谓工具书，词典和字典也是供阅读的。如第一部训诂词典《尔雅》，始见先秦，成书汉代，在唐开成年间即被列入十二经之内。第一部字典东汉许慎的《说文解字》，亦为解经而撰，和《尔雅》同为唐代学馆生徒的必读书（见《新唐书·选举志》上）。自三国魏时开始有类书《皇览》，历南北朝、隋唐、两宋至清，不断编撰，像《艺文类聚》《初学记》《太平御览》《册府元龟》《永乐大典》《古今图书集成》等，或供皇帝读书览古，或为文士撰述选材，都取其翻检方便，实际已带工具书的性质；而唐以来的类书，又多和科举有关，所收对偶，典故不少。《尔雅》以后的词典，一直为经传的附庸，到公元1915年商务印书馆编辑的《辞源》出版，才摆脱经传的束缚，突破《尔雅》派注疏式词典的藩篱，使词典的内容与形式面貌一新。它以实用为目的，兼有古代辞书、类书、韵书之用；其以单字作词头的体例，为后出的词典沿袭至今。修订本《辞源》删去旧本的自然科学、社会科学和应用技术的词语，成为一部专门解决阅读古籍各种问题的工具书。它以语词为主，综合了古今许多学者的研究成果，包含着丰富的百科知识，既是一部词典，又是一部古代的文献汇编。查找成语，不宜只限于翻检各种成语词典，还应充分利用新《辞源》来参照。因为《辞源》采证广博，材料丰富，往往能补一般成语词典的不足；有的内容，还为他书所不载。如"刻鹄类鹜"这一成语，源出《后汉书·马援传》："效伯高不得，犹为谨敕之士，所谓刻鹄不成尚类鹜者也。"各成语词典援据自然相同，可是《辞源》所列出处除《后汉书》外，还有《东观汉记》，并引宋人华镇《云溪居士集》卷五《丛玉山》诗“分知方外学屠龙，不及人间谋刻鹄”两句，使读者知道“刻鹄类鹜”在古人诗文中也省作“刻鹄”，对阅读古籍，理解词义，是有帮助的。

诗人名句，有的被后人当作成语来用，如“山雨欲来风满楼”，为唐许浑《咸阳城东楼》诗中“溪云初起日沉阁”一联的下句，本以写景，后人却用来比喻重大事件即将发生时的迹象；“人生七十古来稀”，为杜甫《曲江二首》诗里对时光的慨叹之语，后人却借以泛指高龄之不易得；这都取的是整句的意思，所以《辞源》等词典就以整句列为词条。宋潘大临的“满城风雨近重阳”，近代只用其“满城风雨”以喻事情之喧腾众口，议论纷纷，故词条仅列四字，不似前两例之录全句。又宋陆游《游山西村》诗的“山重水复疑无路，柳暗花明又一村”一联的“山重水复”“柳暗花明”也被当作两个词条，分别收入《辞源》的“山”“木”二部，还于后一条指出“今以‘柳暗花明’指又是一番情景，意本陆游诗句”。足见成语的采择和运用，有一定的灵活性，但原则应是内容富于含蕴，不仅字面的意思可取，方合条件。现在各地出版的成语词典，真如“雨后春笋”，竞秀争奇，往往以多为胜；加上对什么叫作成语，缺乏明确、一致的概念，往往把一些不是成语的四字词组如“昂首挺胸”“阔步前进”之类，一概罗列在内。这样，当然越后出的书，词条越多。如此编法，实在不足为训。我们使用成语词典，于此要加以辨析，看看哪条是成语，哪条不是，不能贪多滥用。《辞源》《辞海》于收录成语，比较谨严，足供参考。此外如日本的《大汉和辞典》、台湾地区的《中文大辞典》等，亦可备查。凡从一般成语词典内查不到的词条，都可向这几部书中试检。又以诗句作成语用的或常见于小说、戏曲、笔记里的俗语，为成语词典及《辞源》《辞海》等所未收者，可查清翟灏的《通俗编》、钱大昕的《恒言录》、钱大昭的《迩言》、平步青的《释谚》、胡式钰的《语窦》、郑志鸿的《常语寻源》以及近代罗振玉的《俗说》，今人徐嘉瑞《金元戏曲方言考》、朱居易的《元剧俗语方言例释》、陆澹安的《小说词语汇释》等书。如“一将功成万骨枯”，为唐曹松诗，“一夜夫妻百夜恩”，多见于元曲；“一家有事百家忙”，出《广灯录》，均能由《通俗编》内找到出处。

三

成语典故的内容，有时因为词目的分列，不能从一个词条内完全查到。如本文第一节内提到的“十八学士登瀛洲”的典故，即须分查《辞源》的“十八学士”和“瀛洲”两条。“十八学士”一条说明唐太宗时开文学馆，以杜如晦、房玄龄等十八人并为学士，命阎立本绘像，褚亮题赞。玄宗时又以张说、徐坚等为十八学士，命董萼绘像。后注“参阅新、旧《唐书·褚亮传》及《唐会要》六四《文学馆》，宋王应麟《小学绀珠》六《名臣类》”，指出材料来源，为读者提供研究的线索。“瀛洲”一条的第二项撮录“十八学士”一条所未详的事实，说到“当时称选中者为登瀛洲”，并于条尾注明“参见‘十八学士”，提示读者再查“十八学士”一条，与此互相补充。因两条叙述侧重不同，且“瀛洲”尚有第一项“传说仙人所居山名”的解释，不能不立“瀛洲”的词目。所以把“登瀛洲”事列入第二项中来说。这样，读者一看也就知道“十八学士登瀛洲”为比喻其荣宠有如登上仙山之意。如此分作两条来处理，乃出于编排剪裁的需要，我们查阅《辞源》，也不难体会出这一点。

有些典故，从上述的各词典中全查不到，就得借助于清人所编《佩文韵府》和《骈字类编》。《佩文韵府》按韵收字，下列尾字和字头相同的词语，如以“红”为字头，下面排列“陈红”“题红”“长红”“剪红”“映山红”“一丈红”等等；《骈字类编》按类收字，下列首字和字头相同的两个字的词。如“天地门”的“星”字字头下面排列“星辰”“星斗”“星日”“星月”“星虚”“星昴”等等。这两部书都有相当丰富的引证，前人或称之为类书，实不恰当，应该算作汇辑词藻典故的词典。例如诗文中谈到竹子繁茂，多及渭川，画家绘竹，亦常曰渭川千亩。可是旧《辞源》《辞海》内皆无“渭川”及“渭川千亩”这两条。试检《佩文韵府》的平声“先”韵找到“渭川”和“渭川侯”两条，知道《汉书·货殖传》有渭川千亩竹一语，宋黄公度也有诗咏此；又由《骈字类编》的“山水门”之“渭”字头下的“渭川”条内查出李白诗和《唐书》猎于渭川的记载，于是为新《辞源》增撰“渭川”与“渭川千亩”两条，以补其缺：

〔渭川〕即渭河。唐李白《李太白诗》四《上之回》：“岂问渭川老，宁邀襄野童。”渭川老，指吕望。《新唐书·玄宗纪》开元元年十月猎于渭川，即此。参见“渭河”“渭川千亩”。

〔渭川千亩〕汉人谓有渭川千亩竹，其人与千户侯等。见《史记》一二九《货殖传》。《宋诗钞》黄公度《知稼翁集钞·谢傅参议彦济（雱）惠笋用山谷韵》："前身渭川侯，千亩偿宿债。"后言竹之繁茂，多曰渭川千亩。清郑燮《板桥集·为马秋玉画扇》："渭川千亩，淇泉菉竹，西北且然，况潇湘云梦之间，洞庭青草之外，何在非水，何在非竹也！"参见"渭川""渭河"。

这样一来，"渭川"与原有的"渭河"搭上了钩，充实了内容；"渭川千亩"既有出处，也有后人用典之证，比较圆满。《汉书》材料，多据《史记》转录，由此推想此条《汉书·货殖传》云云，必定来自《史记》，一经查对，果然不差，所以改用《史记》。我这里虽谈的是编词典，实际也正是读书查典故"顺藤摸瓜"的办法。

四

类书是一种分类的材料汇编，诗文、典故、人物以及各种事类，几乎无所不包，内容非常广泛。《艺文类聚》《初学记》《太平御览》《册府元龟》为大家经常翻检的几种。凡从词典里找不到的词语典故，皆可试查这些书。如宋刘克庄《得家讯》诗："何时真宦达，处处奉潘舆。"潘舆是什么典故，由旧《辞源》《辞海》中都查不到，《佩文韵府》亦无此条。《骈字类编》器物门的"舆"字头下，虽有"舆车”“舆辇”“舆轿”等词，也无法找到“潘舆”。因此书无“姓氏”门，自然不会有以“潘”为头的词条。可是《太平御览》七七四卷车部“舆”字下的引证，却为我们提出了出处：“潘安仁《闲居赋》曰：太夫人乃御板舆，升轻轩，远览王畿，近周家园。”取《昭明文选》所收晋潘安仁（岳）《闲居赋》细看一下，知道潘岳除长安令，迁博士，以母疾去官，作赋见志，有上面的几句话。刘克庄诗的“潘舆”即由此而来，是用为“养亲”之典的。近代蔡元培先生在当初要辞去北京大学校长时，曾以“杀君马者路傍儿”为喻，婉谢别人对他的挽留，此语的出处和含义，亦不见于新旧辞书。有人来问，我想到类书的兽部“马”内可能有线索，一查《艺文类聚》九三卷和《太平御览》八九七卷，果然找到答案。两书俱引汉应劭《风俗通》，而《御览》文字稍详，录之如下：“（《风俗通》）又曰：杀君马者路傍儿也。语云长吏食重禄，刍藁丰美，马肥希出，路傍小儿观之，却惊致死。按长吏马肥，观者快马之走骤也，骑者驰驱不足，至于瘠死。”大意是说：马很娇贵，偶然出来，以路傍儿围观惊死；观者夸奖马跑得快，骑者因此鞭策不止，使马力竭而毙；皆寓“爱之适以害之”的意思。《太平御览》的这条引证，使我们懂得了这一成语的含义，而且保存了《风俗通》的一段佚文，足见类书的参考价值。新《辞源》的“潘舆”和“杀君马者路傍儿”两条，即据此补入。

五

上文所谈，略见类书的效用，但类书虽较辞书采摘的事类丰富，也并不能解决阅读中遇到的所有典故的问题。因为文学作品的用典，往往系作者就自己熟悉的信手拈来，时有罕见少用的故实为他人所不晓的，后代当然更以为僻典，查检无方。如清孔尚任撰《桃花扇》，即用典甚多，或明用，或暗用，或正用，或反用，或借字面，或取谐音，变化无常，方式不一。如“誓师”一出写史可法督师江北，得知北兵已入淮境，而扬州守军不足三千，十分着急；夜步城头，又听士卒有离叛之心，更加惊恐；就在三更放炮点兵，想鼓舞士气，而三军并不应声。后来史可法哭出血泪，才感动将士，表示拼死守城，决不投降。这一出的下场诗云：“不怕烟尘四面生，江头尚有亚夫营。模糊老眼三更泪，赚出淮南十万兵。”亚夫营，用汉周亚夫驻军细柳事，为众所周知的熟典，“淮南十万兵”则不详所指。前者我注释《桃花扇》，觉得此条必应有注，而从词典、类书中都查不到出处，我想这可能和汉初的淮南王有关，就试阅《汉书·淮南王传》，果然查着了与此切合的事情：汉景帝三年，吴楚七国反，淮南王要起兵响应，其相曰：“主必欲应吴，臣愿为将。”等淮南王把兵权交给他之后，立即带兵守城，抵抗吴楚，不听淮南王的话，而继续效忠于汉。“赚出淮南十万兵”，正用此典，不过十万之数乃是虚指，而且淮南王相所为，并不与史可法誓师之举完全一致，孔尚任只是借以表示史可法深夜点兵，痛哭流涕，重新激起了将士的斗志而已。又《桃花扇》的“归山”一出写校尉拿到书贾蔡益所来向锦衣官张薇销差，有“松间批驾帖，竹里验公文”的念白。什么叫“驾帖”，应该说清楚，而词典类书俱无此条。按《桃花扇》写明末事，所云驾帖，当与明代典制有关，而记此者以明人笔记为详，多正史所不载者。我恍惚记得明沈德符的《万历野获编》讲过这个，一经翻检，此书的卷二十一确有“驾帖之伪”一段，由此知道“驾帖”是明代锦衣卫捕人的拘捕证。驾帖，须经刑科给事中批定。若刑科给事中制止，事即不能行。明杨士聪的《玉堂荟记》卷下，于此也有记载。

我举这两个例子，是要表明古人的博学和用典的灵活以及我们判断材料来源寻求典故出处之需要常识。总之，我们必须充分利用工具书，而又不能完全依赖工具书。充实自己，主要还在于勤学博览，努力阅读。通过工具书，解决阅读中的问题，以补读书之不足，仍然为的是促进阅读的兴趣与积极性，对阅读和查检的关系，分清主次，使之相辅相成，是必要的。

第七章　编辑的学术研究和兴趣爱好
——公闲著述，馀事成家

当编辑，据我自己体会是又苦又乐的工作。整天埋头看稿，核对资料，为人作嫁，确实苦与累兼。尤其编词典，竟日为文字训诂所困，枯燥乏味，更是不堪其苦。十六世纪的法国语言学家斯卡格尔，对此说过几句话，有人把它翻译成类似顺口溜的样子。他说："谁若被判做苦工，忧心忡忡愁满容。不需令其抡铁锤，不需令其当矿工，只要令其编词典，管教终日诉苦情。"他认为人若犯了错误，无须劳动改造，只让他编词典，就算处罚了。可见编辑工作很苦，编词典就更苦。不过编出书来，供别人阅读使用，有益于世，得到好评，又足以抵平日之苦而感快慰，觉得乐在其中。编辑天天要读书和编书，成年累月和书打交道，正可以利用有利条件，一边工作，一边进行学术研究。从前茅盾、叶圣陶、郑振铎诸先生在做编辑时，都不断撰文著书，钻研未辍。现在中华书局编审周振甫先生，已经从事编辑工作五十余年，学问渊博，文笔出众，不仅编了许多好书，自己也著述等身，有许多研究成果问世，为声望卓著的学者专家，更是一个很好的榜样。今天的中青年编辑同志，全可以根据实际情况，结合自己专业，积累资料，确定课题，来做深入的研究，朝着学者专家的目标迈进，力求为发扬文化多做贡献。不应妄自菲薄，认为自己不行。只要有恒心毅力，一意钻研，不计成败利钝，坚持不懈，功夫是决不会白费的。

“人之无嗜好者无深情”，我不记得原话是否这几个字和出于谁之口了。但意思不错，给我的印象很深，想起来此话确含至理。每个人工作之余，耳目精神都应该有所寄托，或嗜弈棋，或耽音乐，或喜书法绘画，或爱篆刻雕镌，以及玩古董、养花鸟等等，皆以怡悦身心，涵养天真，活跃思维，保持愉快情绪，对维护健康，延缓衰老，作用不容忽视。全无所好，则不免冷酷无情，易致精神空虚，心胸狭隘，感觉迟钝，寂寞寡欢，形成忧郁孤僻之症。在我平生的师长前辈中，有好几位，俱于专业之外，多有雅嗜，能在公闲著述，且以馀事成家。例如武昌张子高先生，在清华大学执教多年，是一位化学专家，但文学造诣甚深，诗文并美，书法亦工，且喜收藏古墨，观赏奇石。工作倦怠之际，就玩玩石头，看看古墨，借以调剂精神，恢复脑力。多年对古墨的聚集、观赏，使他成为北京著名的古墨收藏家、研究家，曾撰《墨苑杂说》，连载报端，后印为专书，自云此乃所著《中国古代化学史》的副产品。而读者俱认为有很高的学术价值，叹赏不置。张先生得享大年，寿逾九十，即与其以雅嗜自娱有关。又吾师武强贺孔才（培新）先生，为近代桐城派古文大家，书法篆刻，亦冠绝一时。此外，复喜集邮，所藏古今中外邮票，颇饶珍品，所著《泳斋说邮》，也于解放前报刊连载，成为专著。其以馀事成家，与张先生同。清李光地云："凡人一艺之精，必有几年高兴，若迷溺其中，见得有趣，方能精。如先存一别有远大，何必在此驻足之意，断不精矣。"（说见清周永年辑《先正读书诀》）这话说明凡有爱好，必须笃嗜成迷，始能深入其中，获得精诣。若浅尝辄止，又弃而他往，则决不能精，证以张、贺两先生之述作而益信。

余自惟生平学业，较之前辈师长，不过如萤烛之末光，不敢争辉日月。但在"游于艺"这一点上，却一心追步张、贺两位先生，公馀闲暇，乐事正多，决无苦闷之虞，大得养生之益。今谨以此一章，为芹曝之献，希望做编辑工作的同志，能以雅嗜节劳，以馀事成家，欢愉长寿，永葆健康。

国家新闻出版广电总局
首届向全国推荐中华优秀传统文化普及图书

‖大家小书书目

经典常谈	朱自清　著
语言与文化	罗常培　著
习坎庸言校正	罗　庸　著　杜志勇　校注
鸭池十讲（增订本）	罗　庸　著　杜志勇　编订
古代汉语常识	王　力　著
国学概论新编	谭正璧　编著
文言尺牍入门	谭正璧　著
日用交谊尺牍	谭正璧　著
敦煌学概论	姜亮夫　著
训诂简论	陆宗达　著
金石丛话	施蛰存　著
常识	周有光　著　叶　芳　编
文言津逮	张中行　著
中国字典史略	刘叶秋　著

古典目录学浅说	来新夏　著
闲谈写对联	白化文　著
怎样使用标点符号（增订本）	苏培成　著
诗境浅说	俞陛云　著
唐五代词境浅说	俞陛云　著
北宋词境浅说	俞陛云　著
南宋词境浅说	俞陛云　著
人间词话新注	王国维　著　滕咸惠　校注
苏辛词说	顾　随　著　陈　均　校
诗论	朱光潜　著
唐诗杂论	闻一多　著
诗词格律概要	王　力　著
唐宋词欣赏	夏承焘　著
槐屋古诗说	俞平伯　著
词学十讲	龙榆生　著
词曲概论	龙榆生　著
中国古典诗歌讲稿	浦江清　著 浦汉明　彭书麟　整理

唐人绝句启蒙	李霁野　著
唐宋词启蒙	李霁野　著
古典文学略述	王季思　著　王兆凯　编
古典戏曲略说	王季思　著　王兆凯　编
唐宋词概说	吴世昌　著
宋词赏析	沈祖棻　著
道教徒的诗人李白及其痛苦	李长之　著
闲坐说诗经	金性尧　著
陶渊明批评	萧望卿　著
舒芜说诗	舒　芜　著
名篇词例选说	叶嘉莹　著
唐诗纵横谈	周勋初　著
楚辞讲座	汤炳正　著 汤序波　汤文瑞　整理
好诗不厌百回读	袁行霈　著
山水有清音 ——古代山水田园诗鉴要	葛晓音　著

门外文谈	鲁　迅　著
我的杂学	周作人　著　张丽华　编
论雅俗共赏	朱自清　著
文学概论讲义	老　舍　著
中国文学史导论	罗　庸　著　杜志勇　辑校
给少男少女	李霁野　著
鲁迅批判	李长之　著
英美现代诗谈	王佐良　著　董伯韬　编
三国谈心录	金性尧　著
夜阑话韩柳	金性尧　著
英语学习	李赋宁　著
漫谈西方文学	李赋宁　著
历代笔记概述	刘叶秋　著
笔祸史谈丛	黄　裳　著
古典诗文述略	吴小如　著
有琴一张	资中筠　著
鲁迅作品细读	钱理群　著
唐宋八大家 ——古代散文的典范	葛晓音　选译

红楼梦考证	胡　适　著
《水浒传》与中国社会	萨孟武　著
《西游记》与中国古代政治	萨孟武　著
《红楼梦》与中国旧家庭	萨孟武　著
《金瓶梅》人物	孟　超　著　张光宇　绘
水泊梁山英雄谱	孟　超　著　张光宇　绘
《红楼梦》探源	吴世昌　著
《西游记》漫话	林　庚　著
细说红楼	周绍良　著
红楼小讲	周汝昌　著　周伦玲　整理
曹雪芹的故事	周汝昌　著　周伦玲　整理
古典小说漫稿	吴小如　著
三生石上旧精魂 ——中国古代小说与宗教	白化文　著
《金瓶梅》十二讲	宁宗一　著
古体小说论要	程毅中　著
近体小说论要	程毅中　著
文学的阅读	洪子诚　著
中国戏曲	么书仪　著

中国史学入门　　顾颉刚　著　何启君　整理

秦汉的方士与儒生　　顾颉刚　著

三国史话　　吕思勉　著

史学要论　　李大钊　著

中国近代史　　蒋廷黻　著

民族与古代中国史　　傅斯年　著

五谷史话　　万国鼎　著　徐定懿　编

民族文话　　郑振铎　著

史料与史学　　翦伯赞　著

唐代社会概略　　黄现璠　著

清史简述　　郑天挺　著

两汉社会生活概述　　谢国桢　著

中国文化与中国的兵　　雷海宗　著

两宋史纲　　张荫麟　著

明史简述　　吴　晗　著

北宋政治改革家王安石　　邓广铭　著

从紫禁城到故宫
——营建、艺术、史事　　单士元　著

史学遗产六讲　　白寿彝　著

司马迁之人格与风格　李长之　著
司马迁　季镇淮　著
唐王朝的崛起与兴盛　汪　篯　著
二千年间　胡　绳　著
论三国人物　方诗铭　著
考古发现与中西文化交流　宿　白　著
中国古代国家的历史特征　张传玺　著
艺术、神话与祭祀　张光直　著　刘　静　乌鲁木加甫　译
中国古代衣食住行　许嘉璐　著
中国古代史学十讲　瞿林东　著

黄宾虹论画　黄宾虹　著
中国绘画史　陈师曾　著
和青年朋友谈书法　沈尹默　著
中国画法研究　吕凤子　著
桥梁史话　茅以升　著
中国戏剧史讲座　周贻白　著
俞平伯说昆曲　俞平伯　著　陈　均　编

新建筑与流派	童　寯　著
论园	童　寯　著
拙匠随笔	梁思成　著　林　洙　编
中国建筑艺术	梁思成　著　林　洙　编
沈从文讲文物	沈从文　著　王　风　编
中国画的艺术	徐悲鸿　著　马小起　编
中国绘画史纲	傅抱石　著
中国舞蹈史话	常任侠　著
海上丝路与文化交流	常任侠　著
世界美术名作二十讲	傅　雷　著
中国画论体系及其批评	李长之　著
金石书画漫谈	启　功　著　赵仁珪　编
吞山怀谷 ——中国山水园林的艺术	汪菊渊　著
中国古代音乐与舞蹈	阴法鲁　著　刘玉才　编
梓翁说园	陈从周　著
旧戏新谈	黄　裳　著
民间年画十五讲	王树村　著　姜彦文　编
民间美术与民俗	王树村　著　姜彦文　编

长城史话	罗哲文 著
中国古园林概说	罗哲文 著
现代建筑奠基人	罗小未 著
世界桥梁趣谈	唐寰澄 著
如何欣赏一座桥	唐寰澄 著
桥梁的故事	唐寰澄 著
园林的意境	周维权 著
万方安和	
——皇家园林的故事	周维权 著
现代建筑的故事	吴焕加 著
中国古代建筑概说	傅熹年 著
国学救亡讲演录	章太炎 著 蒙 木 编
简易哲学纲要	蔡元培 著
大学教育	蔡元培 著
	北大元培学院 编
老子、孔子、墨子及其学派	梁启超 著
中国政治思想史	吕思勉 著
天道与人文	竺可桢 著 施爱东 编

春秋战国思想史话	嵇文甫　著	
晚明思想史论	嵇文甫　著	
新人生论	冯友兰　著	
中国哲学与未来世界哲学	冯友兰　著	
谈美书简	朱光潜　著	
中国古代心理学思想	潘　菽　著	
民俗与迷信	江绍原　著	陈泳超　整理
佛教基本知识	周叔迦　著	
儒学述要	罗　庸　著	杜志勇　整理
希腊漫话	罗念生　著	
佛教常识答问	赵朴初　著	
大一统与儒家思想	杨向奎　著	
孔子的故事	李长之　著	
西洋哲学史	李长之　著	
乡土中国	费孝通　著	
社会调查自白	费孝通　著	
经学常谈	屈守元　著	
墨子与墨家	任继愈　著	
汉化佛教与佛寺	白化文　著	
中西之交	陈乐民　著	

出版说明

“大家小书”多是一代大家的经典著作，在还属于手抄的著述年代里，每个字都是经过作者精琢细磨之后所拣选的。为尊重作者写作习惯和遣词风格、尊重语言文字自身发展流变的规律，为读者提供一个可靠的版本，“大家小书”对于已经经典化的作品不进行现代汉语的规范化处理。

提请读者特别注意。

北京出版社